Thévenet
par Bernard Thévenet

Avec la participation de Jean-Paul Brouchon

Éditions Jacob-Duvernet

À ma mère

Les éditions Jacob-Duvernet remercient leur partenaire ESPN CLASSIC, la chaîne dédiée aux plus grands moments et aux légendes du sport. Vous pouvez retrouver notre partenaire ESPN CLASSIC sur www.espnclassic.com

Remerciements

Si j'ai pu connaître les moments exaltants décrits dans cet ouvrage, je le dois à tous ceux qui m'ont permis de débuter, puis encouragé et soutenu au cours de ma carrière.

Il m'est malheureusement impossible de remercier ici chacun pour tout ce qu'il m'a apporté et selon ses mérites, le livre entier n'y suffirait pas.

Alors, en espérant n'oublier personne, et par ordre chronologique...

D'abord mes parents qui, en m'élevant dans le respect du travail, m'ont montré qu'on ne récolte jamais rien sans semer. Et qui, en m'offrant ce vélo demi-course, sentaient bien où je voulais en venir, même si c'était contre leur gré. Ensuite mes sœurs, qui durent subir le climat tendu des soirs et lendemains de défaite... Et aussi mes deux grands-mères qui, sans s'en ouvrir à personne et sans se concerter, notèrent d'une écriture appliquée tous mes résultats sur un cahier d'écolier. Et d'une façon générale, tous les membres de ma famille dont le soutien fut ô combien précieux dans les moments difficiles.

Je dois une fière chandelle à Georges Monmessin et Laurent Narboux, mes initiateurs. Quant à Francis Laurent et les dirigeants du Vélo-Club Charolais, club sans moyens mais riche d'hommes passionnés, je me demande si j'aurais pu débuter sans eux.

J'ai eu la chance d'être remarqué par l'un des plus fins limiers du Lyonnais, Raymond Wolhauser, constructeur de (très beaux) cycles, qui m'équipa gracieusement d'un excellent matériel dès ma première année amateur, et de son directeur sportif, Guy Canlorbe.

Mickey Wiégant est l'un des hommes qui m'aura le plus marqué tant j'ai appris – et pas uniquement en cyclisme – avec lui en seulement deux années amateur, me conduisant aux portes du professionalisme. Je n'oublie pas non plus Adolphe Deledda et Gérard Thiélin, mes coaches des Tour de l'Avenir 68 et 69.

Bien évidemment, les personnages les plus influents ont été mes différents directeurs sportifs professionnels, à qui j'ai donné parfois d'immenses bonheurs, souvent d'énormes soucis, les deux allant de pair ! J'espère qu'ils ont oublié ces derniers et retenu les premiers.

Mon palmarès doit beaucoup à mes équipiers. Sans eux, impossible de postuler à la victoire d'une course à étapes. Combien d'efforts pour me protéger, me ramener après incident, me ravitailler ? Je leur renouvelle toute ma gratitude et leur redis combien leur aide fut précieuse.

L'équipe Peugeot, dont je ne suis pas peu fier d'entendre encore parler trente ans plus tard, était, au-delà d'une formation, une vraie famille où chacun était au service de tous. D'ailleurs, le « noyau dur » restait quasiment le même au fil des ans.

Remerciements

Et en écrivant chacun, je veux dire tous les coureurs mais aussi tout l'encadrement, qu'ils soient mécaniciens, masseurs, médecin, directeurs, directeurs sportifs adjoints, secrétaires ; nous pouvions même, sur demande, être reçu par M. Bertrand Peugeot en personne, PDG des Cycles Peugeot, qui aimait beaucoup son équipe.

Merci à Jean-Paul Brouchon, dont la plume agréable retrace fidèlement d'émouvants souvenirs qui s'étaient quelque peu dilués avec le temps. Et aussi merci à tous ses confrères journalistes avec la plupart desquels j'ai entretenu des rapports cordiaux, avec une pensée particulière pour Jean-Louis, Alain, Claude, Jean et tous ceux qui m'ont poussé ou aidé à embrasser cette profession.

Et enfin, un immense merci à vous tous, mes supporters, qui m'avez soutenu dans les bons comme les mauvais passages. Peu d'hommes auront eu la chance de vivre les instants magiques dont vous m'avez gratifié dans les ultimes lacets de l'Izoard au Tour 75. Les clameurs de vos encouragements résonnent encore à mes oreilles. Vous doutiez-vous que vous m'offriez, cet après-midi-là, le meilleur souvenir de ma carrière ?

Table des matières

Préface 13

Chapitre I
Tout commence au Guidon 17

Chapitre II
Des débuts fulgurants 25

Chapitre III
Dans la cour des grands… 43

Chapitre IV
« Un Tour sans pitié ! » 61

Chapitre V
Challenger de Luis Ocaña 73

Chapitre VI
Première désillusion… 87

Chapitre VII
Vainqueur du Tour, enfin ! 93

CHAPITRE VIII
Les rideaux de Tulle 115

CHAPITRE IX
Une seconde victoire dans le Tour… 123

CHAPITRE X
Le corps qui lâche 137

CHAPITRE XI
François Bellocq 147

CHAPITRE XII
Ma fin de carrière 151

CHAPITRE XIII
Ma reconversion 155

Annexes
Établies par Guy Dedieu

Palmarès de Bernard Thévenet 163

Les coéquipiers de Bernard Thévenet 170

PRÉFACE

« Thévenet et toi vous êtes les mêmes ! Exactement pareils ! » Ce matin-là, à Paris, dans le siècle naissant, les propos de Charles Biétry me laissèrent sans voix. Flatté, mais interloqué. La remarque du directeur des sports de France télévisions me paraissait osée.

Quel lien pouvait-il exister, en effet, entre le journaliste que j'étais et un double vainqueur du Tour de France, un homme que j'avais encouragé et admiré, lorsque, gamin émerveillé sur le bord de la route, je le regardais passer ? Quelle comparaison possible avec le tombeur du plus grand champion de l'histoire du vélo, le mythique Eddy Merckx ?

Pourtant, c'est vrai, dès notre premier commentaire commun sur France 2, à l'occasion de la Classique des Alpes, en 2001, j'avais eu le sentiment curieux d'une complicité naturelle et ancienne, d'une sérénité de vieux briscards, comme si nous avions déjà partagé de longues heures de direct.

J'en suis convaincu : les champions de notre enfance sont les champions de notre vie. Au début des années 1970, une mystérieuse alchimie m'avait rapproché de Bernard. Ses exploits, sans nul doute, ses coups durs aussi, mais plus encore sa capacité à surmonter les épreuves. Les souvenirs sont gravés dans ma mémoire : images en couleurs d'un maillot noir et blanc, le fameux damier des Peugeot BP, surgissant du brouillard à la Mongie, un seul bras levé sur la ligne, comme un signe de ralliement. Comme à Grenoble, un peu plus tard, ou sur une autre piste encore, à la Cipale, à Vincennes, à l'issue du Tour 1973, ceint cette fois du paletot tricolore. Un succès d'étape le dernier jour, devant tous les sprinters, pour se projeter aussitôt dans l'avenir, le cœur rempli d'espoir pour les saisons futures.

D'autres images encore, plus sombres celles-là, mais toujours suivies d'une renaissance : la chute dans la descente d'Aubisque en 1972, et tous ces kilomètres parcourus dans le flou, cerveau grippé après le choc, et puis la reconquête, puncheur des cimes, triomphateur dans le Ventoux et le Ballon d'Alsace. L'abandon du Tour 1974 et cette photo qui a fait date : Bernard abattu, prostré, défait au

Préface

pied d'un transformateur électrique sur les pentes du Télégraphe. Et, un an plus tard, le triomphe absolu, maillot jaune radieux, par-delà Pra-Loup et l'Izoard.

J'étais là, dans la foule, supporter anonyme, en ce mois de juillet 1975, pour la toute première arrivée du Tour de France sur les Champs-Élysées. Nous nous étions postés, avec ma mère et ma sœur, place de la Concorde, à la sortie du métro Tuileries. L'émotion m'avait submergé lorsque j'avais vu passer, roue dans roue, mes héros échappés : Eddy Merckx et Bernard Thévenet, arc-en-ciel et jaune mêlés. J'étais bien loin de savoir que la vie m'offrirait un jour le bonheur de les côtoyer…

Je pourrais vous raconter aussi un dîner magnifique, à l'été 2003, une rencontre rare au fond d'un village de la Nièvre, chez Richard Marillier, ancien directeur adjoint du Tour et patron de l'équipe de France. Des instants privilégiés, hors du temps, une tranche de vie délicate en compagnie de Ronan Pensec. Car s'il me fallait vraiment choisir, aujourd'hui, des souvenirs pour évoquer Bernard Thévenet, je vous parlerais d'abord de l'homme. De son humilité, de sa soif de connaissances, de son désir d'apprendre, de son goût pour l'histoire, de son amour des gens. Et lorsque Jean-Paul Brouchon m'a demandé de préfacer son livre, j'ai d'abord pensé à une matinée ensoleillée de novembre. Nous étions rassemblés autour de Bernard qui recevait, à Grenoble, la Légion d'honneur.

Je n'oublierai jamais tes mots, Bernard, quand après avoir remercié tes parents et ta femme, et avant de t'adresser à tes enfants, tu as dit à ton père : « Papa, moi, j'ai gagné le Tour de France, j'ai la Légion d'honneur. Toi, tu as été maquisard, tu as risqué ta vie pour ton pays, mais tu n'as rien eu. Cette Légion d'honneur est à toi. » Je ne sais pas si je te ressemble, Bernard, mais j'espère être digne de l'homme que tu es et des valeurs que tu incarnes. Bien au-delà du champion qui m'as fait rêver, tu es et tu resteras un modèle, un exemple.

Christian Prudhomme
Directeur du cyclisme
chez Amaury Sport Organisation

CHAPITRE I

Tout commence au Guidon

Je suis né le 10 janvier 1948 à Saint-Julien-de-Civry, en Saône-et-Loire. Plus exactement dans la ferme que mes parents exploitent au lieu-dit le Pou. Je suis le troisième d'une famille qui comptera quatre enfants et le seul garçon. Madeleine et Marie-Françoise me précèdent. Monique me suit.

Henri et Alice, mes parents, quittent le Pou pour Maringues, toujours dans le même canton, peu après ma naissance, pour reprendre une exploitation agricole plus importante. Ce n'est qu'en 1957 qu'ils s'installent définitivement au Guidon. C'est dans ce hameau au nom prédestiné que j'ai vraiment commencé à songer sérieusement à devenir coureur cycliste.

Mon enfance est heureuse et sans histoire. Mon père est emboucheur. C'est une spécialité pratiquée dans le centre de la France, surtout dans le Charolais, ainsi qu'en Normandie, en Mayenne et dans la Sarthe. Il s'agit de profiter de la qualité de l'herbe de la région pour, sans ajouts d'aliments complémentaires, engraisser des bovins avant de les conduire à l'abattoir. Il faut être à la fois bon acheteur et bon vendeur. Savoir, en particulier, quand il faut acheter une bête suffisamment maigre mais qui peut « faire de la viande » et quand, une fois engraissée, elle doit être vendue.

Je me souviens du marché aux bovins de Saint-Christophe-en-Brionnais où j'accompagne mon père. Ces jours-là, qui tombent toujours le jeudi, je me lève vers trois heures du matin pour aider à faire sortir les bêtes des prés et les conduire au marché. Dès l'âge de sept ans d'ailleurs, je participe aux travaux de la ferme, par exemple en trayant les vaches.

À cette époque, la ferme vit pratiquement en autarcie. Dans le potager, il y a ce qu'il faut pour nourrir la famille et dans les champs ce qu'il faut pour nourrir les bêtes. Le temps du battage venu par exemple, le meunier laisse toujours un sac de farine à mon père afin que le boulanger puisse fournir en pain toute la maisonnée durant toute l'année.

J'effectue mes premiers tours de roue sur la bicyclette de ma sœur Marie-Françoise. J'ai alors sept ans. Je vais à l'école à Saint-Julien-de-Civry où je suis la classe de M. Litaudon. L'école se trouve à cinq kilomètres de la maison. Le vélo est mon moyen de locomotion. Dès la classe terminée, notre jeu favori est « la course cycliste ».

À quatorze ans, j'obtiens mon Certificat d'études primaires et contrairement à mes sœurs qui reçoivent à cette occasion une bicyclette à moteur, je reçois, moi, un vrai vélo demi-course, vite transformé par mes soins en « vélo de course ».

Tout en suivant les cours de l'école d'agriculture de Charolles, je participe aux entraînements de la vedette locale, Georges Monmessin, en compagnie de mes trois copains : Henri Ducroux, qui deviendra mon beau-frère, Maurice Germain et Laurent Narboux. Ce dernier court en catégorie cadet. Évidemment, je brûle d'envie de faire comme lui, mais mon père s'y oppose. C'est alors que je rencontre Francis Laurent, secrétaire du Vélo-Club Charolais et ancien coureur. Je lui explique mon problème. Il le résout en signant ma licence à la place de mon père… Me voilà bientôt à Saint-Clément-lès-Mâcon, au départ de ma première course. Je termine à la huitième place. En fin de soirée, Francis Laurent me raccompagne à la ferme familiale et raconte tout à mes parents. D'abord hostile à ma démarche et furieux de ma désobéissance, mon père se rend vite compte que ma volonté de pratiquer le sport cycliste est très forte. Il maugrée un peu...

Mais le dimanche suivant, entouré de ma mère et de mes trois sœurs, il se rend à Bourg-de-Thizy pour ma deuxième course. Bien lui en prend puisque je termine premier ; je suis au comble du bonheur lorsque je m'approche de ma mère pour lui offrir la gerbe du vainqueur. Ma grand-mère maternelle, Eugénie, décide ce jour-là de suivre ma « carrière » : année après année, elle note sur un cahier d'écolier tous mes résultats, parfois assortis d'un commentaire de son cru.

Cette année-là, je gagne encore cinq courses et termine à la troisième place du championnat de Bourgogne, ce qui me vaut d'être sélectionné pour le championnat de France des cadets, à Aix-en-Othe, dans la région de Troyes. Mon père ignore tout de la compétition cycliste, mais rien de la bonne marche de sa ferme : la veille de la course, il me fait travailler aux champs la journée entière. Je termine ce championnat de France à la treizième place. Le vainqueur est le fils d'Attilio Redolfi un ancien coureur professionnel qui a accompli une grande partie de sa carrière sous la direction d'Antonin Magne. Le

Tout commence au Guidon

lendemain de ce championnat de France, je suis de retour aux champs où j'abats avec conscience ma part de travail.

L'année suivante, en 1964, j'ai seize ans. Je cours toujours en cadets et remporte douze victoires, tout en continuant à seconder mon père dans l'exploitation de la ferme.

En 1965, je suis junior première année, remporte vingt-cinq victoires dont le championnat de Bourgogne devant Mariano Martinez lequel s'octroie, un peu plus tard, le championnat de France des débutants. Déjà, on sent chez Mariano cette profonde passion pour le cyclisme. Je suis passé professionnel un an avant lui et souvent nous nous sommes côtoyés dans les plus grandes épreuves ; plusieurs fois, nous nous sommes même retrouvés en équipe de France. Il a transmis sa passion à ses enfants. L'un d'eux, Miguel, est devenu champion olympique de VTT à Sydney après avoir été champion du monde de cyclo-cross.

Début 1966, je porte les couleurs de Wolhauser-Ravis et dispose d'un directeur sportif, Guy Canlorbe. Je dispute maintenant des courses à étapes et remporte à Lyon ma première victoire dans cette catégorie lors du Rhône-Presse, une course organisée par le journal local,

Le Progrès de Lyon. Quelques semaines plus tard, je termine premier du Tour du Roussillon devant... Luis Ocaña. Je me souviens encore de la colère de l'orgueilleux Espagnol lorsqu'il apprend que je suis déclaré vainqueur grâce au classement par points, car nous sommes à égalité au classement au temps.

Je suis maintenant parmi les meilleurs de ma génération. Les Jeux olympiques commencent à préoccuper les esprits. Début 1967, je suis convié à mon premier stage sur la Côte d'Azur avec l'équipe de France des amateurs. Le 1er juillet, je suis affecté au 17e régiment du Génie à Besançon, avant de rejoindre le bataillon de Joinville qui vient de s'installer à Fontainebleau. J'y retrouve Jacky Mourioux, aujourd'hui entraîneur national, Robert Bouloux, mon futur équipier chez Peugeot, Redolfi, mon vainqueur du championnat de France des cadets, Daniel Ducreux, futur équipier de Luis Ocaña, et Bernard Dupuch, professionnel durant trois années. C'est un service militaire très tranquille. La seule contrainte dont je me souvienne est l'interdiction totale de sortir de la caserne durant quinze jours au moment des événements de mai 1968. Je profite de ce service militaire pour apprendre à nager.

Tout commence au Guidon

En 1968, pendant mon service militaire, je signe pour l'Athletic Club de Boulogne-Billancourt, un club de la banlieue parisienne. C'est le meilleur club de France. Sa section cycliste, jadis professionnelle avec Jacques Anquetil, André Darrigade et bien d'autres encore, est forte de quarante-cinq coureurs. Seize juniors dont Régis Ovion, futur champion du monde, et Bernard Quilfen, actuellement directeur sportif chez Cofidis ; dix-neuf seniors dont les futurs professionnels Briend, Bucaille, Mattioda, Proust et moi-même ; huit coureurs de troisième catégorie ; les professionnels Bouloux, Gauthier, Raymond et Sadot ; une féminine, Renée Vissac, qui s'apprête à battre le record de l'heure, et un pistard, André Gruchet. Le directeur sportif est Paul Wiegant. Tout le monde le surnomme Mickey parce que jadis, sur piste, il portait toujours un maillot frappé de la figurine de Walt Disney. C'est un homme à poigne. Son but est faire de l'ACBB un club de référence. Pour lui, les coureurs du club doivent rejoindre plus tard l'effectif de la formation professionnelle Peugeot. Sous les couleurs de l'ACBB, je suis, en 1968, champion de France des amateurs juniors, champion d'Île-de-France et champion de France contre la montre par équipes. On parle beaucoup de moi pour participer aux Jeux olympiques de Mexico. Au dernier moment, pour une raison que j'ignore aujourd'hui encore, je ne fais pas partie de la sélection définitive. Aujourd'hui je pense que mon appartenance à l'ACBB est la cause de cette non-sélection. Paul Wiegant et Robert Oubron, le sélectionneur national, sont deux hommes au caractère fort et qui ne s'entendent pas. Robert Oubron pense « équipe de France » et aux médailles que ne manque pas de lui réclamer le ministre des Sports. Paul Wiegant pense Peugeot et n'a de cesse, dès qu'un jeune coureur présente des dispositions pour être professionnel, de lui faire quitter au plus vite la filière fédérale... au grand désespoir de Robert Oubron.

Cette non-participation aux Jeux olympiques est le grand regret, la grande frustration de ma carrière.

Je poursuis mon apprentissage à l'ACBB en 1969 en ajoutant à mon palmarès une étape du Tour de l'Avenir, et signe en fin de saison une licence professionnelle pour la formation Peugeot. Mon salaire mensuel est de mille francs de l'époque. J'ai vingt-deux ans. J'ai fait mes débuts cyclistes six ans plus tôt. La progression est normale.

CHAPITRE II

Des débuts fulgurants

Pour Eddy Merckx, 1970 s'annonce comme une grande saison. Les Italiens l'élisent champion de l'année, loin devant le joueur de tennis australien Rod Laver, vainqueur à 32 ans des Internationaux d'Australie, le boxeur mexicain José Napolés, qui conserve durant quatorze combats son titre mondial, le pilote automobile écossais Jackie Stewart, vainqueur de six Grands Prix et champion du monde au volant d'une Matra, et enfin le jeune joueur de football brésilien Pelé, qui vient de marquer le millième but de sa carrière.

La France du cyclisme, privée de Jacques Anquetil qui vient d'arrêter la compétition, oppose à Merckx cinq équipes : BIC, Frimatic-De Gribaldy, Fagor-Mercier, Sonolor-Lejeune et Peugeot. Elles représentent 77 coureurs français, au nombre desquels on compte Raymond Poulidor, Roger Pingeon et Lucien Aimar, et 34 étrangers. Parmi les nationaux se trouvent 11 néo-professionnels, dont 7 pour la seule équipe Peugeot.

Je fais partie de ces néo-professionnels. Chez Peugeot, les chefs de file sont Roger Pingeon, déjà vainqueur du Tour de France et du Tour d'Espagne, ainsi que le Belge Ferdinand Bracke, double champion du monde de poursuite.

Je découvre le directeur sportif, Gaston Plaud. C'est un ancien coureur du Berry, qui a écumé bien des courses amateurs dans sa région. Un homme calme, pondéré, placide, qui ne prononce jamais un mot plus haut que l'autre. Il possède l'esprit maison chevillé au corps. À l'époque, les cycles Peugeot jouissent d'une grande notoriété en France et en Belgique, et Peugeot équipe de nombreux clubs. Plaud entretient avec tous ces clubs des relations chaleureuses. Il veille à la bonne tenue de la formation professionnelle, qui rejaillit sur l'ensemble de la maison Peugeot.

Nous sommes 24 coureurs. C'est beaucoup. Autant dire qu'il n'est pas possible pour tous les coureurs, surtout les plus jeunes, de disputer des épreuves tous les dimanches.

Après un premier stage de ski de fond dans la station alpine d'Autrans (les Jeux olympiques de Grenoble ont fait découvrir le ski de fond), nous

Des débuts fulgurants

nous retrouvons tous, fin janvier, sur la Côte d'Azur, au Bar-sur-Loup, non loin de Grasse. Ces stages sont nécessaires pour cimenter l'esprit d'équipe qui doit se développer sur la route. Et ils permettent aux coureurs de s'entraîner dans des conditions climatiques agréables.

La saison commence le samedi 7 février, à Saint-Raphaël. Je participe à quelques épreuves dont je n'ai gardé aucun souvenir précis. Je cherche seulement à trouver ma place dans le peloton et à suivre le rythme imposé par les professionnels. On présente à la fin du mois le parcours du prochain Tour de France ; je n'y prête qu'une attention furtive. Le Tour, ce n'est pas pour moi. Tout du moins pas pour cette année. La saison se poursuit sans accroc. Je m'entraîne avec sérieux appliquant à la lettre le plan proposé par Gaston Plaud pour l'ensemble de la saison.

Arrive le samedi 7 mars. Grand changement ! Ce jour-là se court l'épreuve du mont Faron. Daniel Dousset, mon manager, me fait engager pour disputer cette course ; il obtient même que mon nom figure en petits caractères sur l'affiche de présentation.

Le mont Faron domine la rade de Toulon et culmine à 420 mètres au-dessus du niveau de la mer. On accède au sommet, que fréquentent essentiellement les militaires, par une route pittoresque à flanc de colline longeant d'anciennes carrières de marbre crème veiné de vert par endroit. Mais à bicyclette, pas question de profiter du paysage. Il faut donner le meilleur de soi-même pour vaincre la pente parfois très raide.

Ce samedi-là, il s'agit de grimper le mont Faron contre la montre individuellement. Quelques-unes des vedettes du cyclisme mondial prennent le départ. Mais à l'arrivée, surprise générale ! Le chronomètre donne le résultat suivant : 1er, Bernard Thevenet ; 2e, Felice Gimondi à 18 secondes ; 3e, Roger Pingeon à 29 secondes ; et 4e, Eddy Merckx à 1 minute. Certes Pingeon et Gimondi sont encore en rodage.

Certes Merckx, qui est en tombé peu après le départ, sa roue ayant glissé sur les rails d'un passage à niveau, perd beaucoup de temps. Il n'en reste pas moins qu'au cours de cette ascension, je joue à la perfection du dérailleur, grimpant allégrement sans me déhancher, appliquant avec soin les conseils prodigués par Mickey Wiegant, l'an dernier, à l'ACBB. Je suis très heureux de ma performance, mais n'en tire pas gloriole. Ma carrière professionnelle ne fait que commencer. J'avance pas à pas sur la route qui s'ouvre devant moi.

Des débuts fulgurants

Je ne suis sélectionné ni pour Paris-Nice, ni pour les Quatre Jours de Dunkerque. Mais fin mai, je prends le départ du Critérium du *Dauphiné libéré*. C'est une épreuve que l'on considère à juste titre comme un « petit Tour de France », car elle comporte des étapes de plat et de haute montagne, ainsi qu'une étape contre la montre. Je souffre d'une bronchite. Le contact avec la montagne est rude. Je termine à plus d'une heure du vainqueur Luis Ocaña.

Quelques jours plus tard, Gaston Plaud publie la liste des présélectionnés pour le Tour de France. Bien entendu, je n'en fais pas partie. Je vais donc pouvoir passer le mois de juillet à m'entraîner et à disputer des épreuves de moindre importance. J'apprends par les journaux que Raymond Poulidor, victime d'un coup de fatigue, a décidé de prendre quand même le départ ; c'est le cas aussi de Roger Pingeon, pourtant sujet à des angines à répétition depuis le début de la saison.

Je continue de rouler sue les routes du Charolais en compagnie de mon habituel compagnon d'entraînement, Michel Rameau. En fin d'après-midi, avant de rentrer à la maison, j'ai l'habitude de m'arrêter chez lui pour me désaltérer. Le mercredi 24 juin, Mme Rameau me prévient que ma mère vient juste de recevoir un coup de téléphone m'enjoignant de contacter au plus vite le service courses de la maison Peugeot.

Pour moi, il est clair qu'il s'agit de ma participation au Prix de La Couronne, qui doit avoir lieu dans quelques jours. En fait, c'est Gaston Plaud lui-même qui m'apprend que Bracke et Karstens ne peuvent prendre le départ du Tour : « Ils sont malades, dit-il. Je t'attends à Limoges le plus rapidement possible. » Je suis surpris, ébahi, stupéfait. Que dois-je répondre ? Le Tour, c'est magnifique. C'est le rêve de tout coureur, mais suis-je au niveau ? Soucieux de ne pas froisser mon directeur sportif, je lui fais part de mes hésitations et lui confie mon désir de m'entretenir avec Victor Ferrari avant de donner ma réponse.

Victor Ferrari est un ancien coureur. Il me suit pratiquement depuis mes débuts. C'est aussi un excellent ami de Gaston Plaud, qu'il retrouve souvent pour de mémorables parties de chasse. Ferrari arrive à me convaincre. Certes, mon inexpérience est préjudiciable, mais en participant au Tour, je vais la réduire et faire des progrès. Ma bronchite du *Dauphiné* est oubliée depuis longtemps. Je suis en pleine forme. Alors pourquoi ne pas tenter l'aventure ? Afin de s'assurer de ma réponse positive lorsque je téléphone à Plaud pour lui annoncer mon arrivée à Limoges, Ferrari reste à côté de moi pendant la communication.

Mon beau-frère me conduit à Limoges où le départ du Tour va être donné le 26 juin.

Des débuts fulgurants

Beaucoup de questions m'assaillent durant le trajet. Est-ce que le choix de Gaston Plaud s'est porté sur moi parce que je suis géographiquement le plus proche de Limoges ? Et si je ne fais pas l'affaire ? Ai-je tout bien mis dans ma valise ? Ai-je pris suffisamment de vêtements chauds et de vêtements plus légers ? Je n'ai même pas le temps de répondre à ces interrogations que me voici déjà à Limoges, à l'hôtel d'Orléans, cours Jourdan, où sont descendus les Peugeot. On me donne une valise neuve remplie de tenues tout aussi neuves. Un mécano se précipite sur mon vélo et se prépare à lui faire passer une solide visite d'entretien. Je suis chez Ali Baba.

L'équipe Peugeot est maintenant au complet. Elle est 100 % française et compte cinq anciens coureurs (Roger Pingeon, Raymond Delisle, Désiré Letort, Jean Dumont et Christian Raymond) et cinq jeunes (Robert Bouloux, Jean-Pierre Danguillaume, Pierre Martellozzo, Jean-Pierre Paranteau et moi).

Le palais des Expositions abrite les installations de départ. Tout me paraît immense. Le nombre de véhicules, la caravane publicitaire, le nombre de journalistes. J'ouvre bien grand mes yeux pour ne rien oublier.

Les conversations tournent autour de la supériorité de Merckx. Tout le monde semble d'accord pour bousculer le Belge dès les premières étapes. Luis Ocaña pense qu'il peut gagner le prologue. Joop Zoetemelk affirme qu'il est prêt à supporter les tâches les plus rudes. On parle de brigade anti-Merckx. Guillaume Driessens, son directeur sportif, répond de façon lapidaire : « Une brigade anti-Merckx, je n'en ai jamais vu et je ne suis pas près d'en voir une. » Quant aux remplacements de Karstens et Bracke par Martellozzo et moi-même, il tient en neuf lignes dans un bas de page de *L'Équipe*.

Je reçois le dossard 20. Je prends le départ de ce prologue, ce vendredi 26 juin à 16 h 01 derrière le Belge Van Springel, mais devant le Suédois Gosta Petterson et Eddy Merckx. Autrement dit, je suis avec les meilleurs, dans le dernier groupe. Le prologue, c'est 7,4 kilomètres autour du stade Beaublanc. Le départ est donné à l'extérieur du stade et l'arrivée jugée à l'intérieur sur le vélodrome, après un tour de piste. Comme prévu, Eddy Merckx remporte le prologue. Je suis 40e à 38 secondes. J'ai fait de mon mieux, mais j'estime ne pas être payé des efforts fournis.

Le lendemain, lever à 7 heures. Petit déjeuner. Rassemblement de l'équipe pour définir la tactique de la journée. Puis direction le Champ-de-Juillet pour les opérations de départ. La circu-

Des débuts fulgurants

lation automobile est interdite dans tout le secteur. La route est à nous. La foule se presse sur les trottoirs. Elle ne ménage pas ses applaudissements. Je suis très impressionné. Les 15 équipes sont présentées au public sur un podium. La très militaire sonnerie du garde-à-vous retentit, le maire de Limoges coupe un ruban tricolore, et voilà les 150 coureurs lâchés pour plus de 4 000 kilomètres. C'est tout d'abord un défilé en ville de 5 kilomètres, puis, à la sortie de Limoges, Félix Levitan, codirecteur du Tour, debout dans sa voiture, agite un drapeau rouge. Le départ est donné.

225 kilomètres nous séparent de La Rochelle, terme de la première étape. Tout de suite, je cherche ma place dans le peloton. Toujours dans les trente premiers. Je constate qu'Eddy Merckx est bien organisé. Deux, voire trois membres de son équipe se tiennent à ses côtés en permanence et les autres ne sont jamais bien loin. Il y a bien quelques attaques, mais je ne m'en mêle pas. Je suis attentif à éviter la chute, à rouler correctement et à donner un coup de main à l'équipe lorsque le besoin s'en fait sentir. À 50 kilomètres de l'arrivée, changement de ton. Les équipes des routiers-sprinters entrent en action. Elles préparent le sprint massif de l'arrivée. Le tempo change. L'allure augmente rapidement. Je régresse au sein du peloton, mais serre les dents

pour ne pas être dans les derniers. Jamais je n'ai vu un peloton rouler aussi vite sur des routes plates. Cyrille Guimard l'emporte. Je suis 111e, bien content de ne pas être dernier. Je termine fatigué.

Le lendemain, frais et dispos après une bonne nuit, je parcours la presse et me rends compte de l'importance que revêt le fait qu'une victoire d'étape soit emportée par un Français. La photo de Guimard est à la une de tous les journaux.

À Angers, la bagarre se déclenche dans les derniers kilomètres. L'Italien Zilioli prend le maillot jaune à Merckx, son partenaire au sein de la formation Faema. Le Belge est furieux. On lui prête l'intention de porter le maillot jaune du premier au dernier jour. C'est raté par la faute d'un coéquipier. La course file vers la Bretagne, fait halte à Rennes avant de prendre la route de la Picardie en passant par la Normandie, avec deux demi-étapes : Lisieux-Rouen, puis, après une halte de trente minutes seulement, Rouen-Amiens. Merckx est attaqué, surtout par Ocaña, mais il résiste à tous les mouvements offensifs. Je suis toujours aussi prudent lors des sprints massifs. Ainsi lors de l'arrivée sur la piste en cendrée de l'hippodrome d'Amiens, je suis classé 120e juste derrière le porteur du dossard 85, un certain… Jean-Marie Leblanc, qui allait devenir journaliste, puis directeur du Tour.

Des débuts fulgurants

Le lendemain, c'est Amiens-Valenciennes. Une étape courte, mais avec quatre zones pavées (celles de Paris-Roubaix) aux abords de l'arrivée. C'est la première fois que j'aborde les pavés. Résultat : je termine à la 75ᵉ place à 4 minutes du vainqueur, le Belge Roger De Vlaeminck. Merckx est à nouveau maillot jaune. Il n'a pas voulu que ses équipiers portent secours à Zilioli lorsque celui-ci a été victime d'une crevaison. Et pour bien montrer qu'il est le chef incontestable, Merckx remporte l'étape suivante à Forest, en Belgique, chez lui, avec plus d'une minute d'avance sur tout le monde.

À Valenciennes, je suis fourbu, usé jusqu'à la plus petite cellule de mes muscles. Le Tour est vraiment une épreuve difficile. J'ai roulé comme un damné pour perdre quatre minutes sur les pavés avec la hantise de l'élimination car, l'étape étant courte, les délais sont très réduits.

C'est la fin de la première semaine de course. Nous ne sommes plus que 122 à paraître au classement général. 28 coureurs ont déjà abandonné, dont notre leader Roger Pingeon.

Eddy Merckx continue de dominer, de broyer ses adversaires. Il gagne l'étape de Divonne-les-Bains par la côte des Rousses et le col de la Faucille en reléguant Poulidor et Van Impe à 5 minutes 30, et Ocaña à 12 minutes. Je termine à 13 minutes. Mon apprentissage du Tour se fait dans des conditions difficiles. Les abandons se multiplient. Au pied des Alpes, nous ne sommes plus que 113 en course.

La grande étape des Alpes par les cols de Leschaux, Plainpalais et la trilogie de la Chartreuse (les cols de Granier, Cucheron et Porte) offre au Belge un magnifique champ d'action. Il est encore vainqueur. Je suis à 20 minutes, mais nullement déprimé. D'une part le niveau est très élevé, et d'autre part j'apprends chaque jour quelque chose, en particulier concernant ma façon d'aborder la haute montagne. Cela se vérifie dès le lendemain, puisque je suis classé 21e à Gap. C'est la veille du Ventoux.

Cette année-là, le Ventoux fait peur à tout le monde. Nul n'a oublié la fin tragique de Tom Simpson sur les pentes de celui que l'on surnomme le mont Chauve en raison de son sommet dépourvu de végétation. Pour éviter les effets néfastes de la canicule et de la raréfaction de l'oxygène, les organisateurs décident de faire escalader la montagne au soleil couchant.

Dès le départ de Gap, je sens que tout va bien. Je n'ai pas mal aux jambes. Les divers mouvements offensifs qui secouent le peloton ne me troublent pas. Au fur et à mesure que l'ascension se fait plus rude, le groupe de tête maigrit à vue d'œil. À mi-pente, Merckx, Vendenbossch, Van Impe, Poulidor, Aimar, Delisle, Wagtmans et moi

Des débuts fulgurants

constituons la tête de la course. Après avoir perdu du temps parce que j'étais mal placé pour aborder l'ascension, je viens juste de me mêler à ce groupe. Sur ordre de mon directeur sportif, qui veut favoriser une offensive de Raymond Delisle, je me projette en tête de la course pour être distancé peu après du groupe de tête. À six kilomètres du sommet, Merckx attaque avec violence. Personne ne peut le suivre. Maintenant, c'est chacun pour soi. La foule est considérable. Elle applaudit à tout rompre les coureurs français : Poulidor, Aimar, Delisle et moi. De temps à autre, je jette un coup d'œil sur les bas-côtés. Le soleil rougeoie sur cette caillasse si blanche. L'effet est saisissant. Je termine l'étape en donnant le maximum du peu de forces qui me restent. Je me classe 5e et premier Français, à 1,25 minute de Merckx. Nous finissons tous cette étape très éprouvés. Merckx lui-même manque de s'évanouir sur le podium. On doit lui appliquer le masque à oxygène pour le revigorer.

Au cours des trois étapes suivantes, qui conduisent aux Pyrénées, je reste tranquille dans le peloton. Je dois ménager mes forces, car cette 5e place au Ventoux me donne des idées. Il y a peut-être un coup à jouer dans les Pyrénées d'autant que les adversaires de Merckx, trop éloignés de lui au classement général, vont désormais s'appliquer à conforter leur position jusqu'à Paris.

De plus, je me rends compte que je récupère de mieux en mieux, bien que ce Tour ne prévoie pas de jour de repos.

Se présente l'étape Saint-Gaudens-La Mongie. Une étape courte de 136 kilomètres, mais qui passe par trois cols (Menté, Peyresourde et Aspin) avant l'arrivée à La Mongie, station située à seulement 4 kilomètres du sommet du Tourmalet. Nous sommes le mardi 14 juillet.

Le temps est maussade. La pluie menace. La montagne est enveloppée de brume. Raymond Delisle annonce au petit déjeuner qu'il va tenter de gagner l'étape. Il s'échappe donc en compagnie de quelques autres dans le col de Menté. Je contrôle sa progression en surveillant tous ceux qui veulent le rejoindre. Sans faire d'efforts inutiles, je suis toujours avec les meilleurs. On escalade Peyresourde, puis Aspin. Delisle a été rejoint. Je suis toujours avec les hommes de tête. Dans la descente d'Aspin, un Espagnol tombe devant moi. Pour l'éviter je suis obligé de rentrer dans un champ. Je fais demi-tour, me replace sur la route et continue la descente, en retard de 300 mètres. À Sainte-Marie-de-Campan, au pied du Tourmalet, je m'apprête à faire la jonction avec le groupe de tête. Juché sur la moto d'Europe 1, Robert Chapatte s'approche de moi et me crie : « Bernard, respire un bon coup. Décontracte-toi et flingue-les. Ils sont tous à

Des débuts fulgurants

bout. » Robert Chapatte connaît le cyclisme par cœur. Sa notoriété est aussi grande que sa compétence. S'il m'encourage et me donne de tels conseils, c'est qu'il doit avoir raison. J'obéis. Personne ne me suit. Je suis heureux comme tout, car je crois être en tête du Tour. En fait, au hasard d'un virage j'aperçois Gilbert Bellone devant moi. Je relance de nouveau la machine pour me porter à sa hauteur d'un coup de pédale puissant, le rejoins et me projette en tête de la course. Il reste encore six kilomètres pour atteindre l'arrivée. Je vis alors un grand moment de bonheur. Une foule dense crie mon nom, je suis très entouré par les motos de télévision, des photographes, des radios dont celle de Robert Chapatte qui, je le devine, doit rapporter à ses auditeurs ses conseils précédents. Avoir été seul en tête sur le Tour, surtout un 14 juillet, est un fait qui reste gravé à jamais dans ma mémoire. Mais je n'ai pas encore gagné. Au panneau indiquant les deux derniers kilomètres, la douleur s'empare de moi. J'ai la poitrine qui s'embrase, les jambes qui pèsent une tonne, le cou fait mal, le dos crie grâce. La défaillance approche. Volontaire, dominant ma souffrance, ce que je fais pour la première fois de ma carrière, je vainc cette défaillance. J'oublie la brume, le froid et les petites gouttelettes d'eau qui humidifient mon maillot. J'émerge finalement du brouillard et me jette littéralement sur la ligne d'arrivée. C'est ma première victoire d'étape. Sur la ligne, Vandenbossche est à 49 secondes, Van Impe à 55 et Merckx à 1 minute 6 secondes. Je peux maintenant prétendre à la carrière de coureur cycliste.

Le soir, à l'hôtel Week-End de La Mongie, je ne m'appartiens plus. Une foule de journalistes viennent me voir. Je réponds sans cesse à des coups de téléphone. Daniel Dousset, mon manager, m'annonce qu'il vient de négocier pour moi des contrats sur piste... alors que je n'ai pas de vélo de piste en ma possession. Énervé, je ferme à peine l'œil de la nuit. Le matin, je prends plaisir à lire les journaux. À la une de L'Équipe, le gros titre proclame : « Triomphe de Thévenet, échec pour Merckx » avec deux photos de moi en pleine action. Dans les pages intérieures se trouve un long reportage intitulé « Bernard Thévenet, une bouffée d'air pur pour le cyclisme français ».

Seulement le Tour ne s'arrête pas à La Mongie. Il faut aller à Paris et avant tout faire halte à Mourenx après avoir escaladé les cols du Tourmalet et d'Aubisque. Peu après le sommet du Soulor, le froid me transperce. L'absence de sommeil me rend encore plus vulnérable. C'est complètement frigorifié que je passe au sommet de l'Aubisque. J'effectue la descente comme je peux, c'est-à-dire dans la difficulté et accuse à l'arrivée à Mourenx un retard de 20 minutes sur

Des débuts fulgurants

le vainqueur, mon équipier Christian Raymond. Deux victoires en deux jours. L'équipe Peugeot est en liesse.

Les quatre derniers jours du Tour se passent sans encombre pour moi. Tout au long des 54 kilomètres de la dernière étape contre la montre, les spectateurs m'applaudissent. Ils ont une bonne opinion de moi.

Je termine ce Tour à la 35e place, à 1 heure 15 minutes d'Eddy Merckx, qui, en comptant le prologue et l'étape contre-la-montre par équipes, s'octroie huit succès ainsi que le classement de la montagne et celui du combiné.

Je suis très satisfait de moi. Remporter une étape de haute montagne dans un premier Tour est plus qu'agréable. Les coureurs cyclistes étant payés au mérite, mes émoluments chez Peugeot augmentent. J'ai le sentiment que l'an prochain, sans être tout à fait le leader de l'équipe, il me sera possible d'être dans certaines courses, et en particulier dans le Tour de France, un coureur protégé.

CHAPITRE III

Dans la cour des grands…

Au début de la saison 1971, ma voie est toute tracée. Gaston Plaud m'a concocté un programme presque entièrement fondé sur le Tour de France. C'est ainsi que je vais participer pour la première fois aux classiques ardennaises, au Tour d'Espagne, où mon rôle sera de seconder Ferdinand Bracke, et ensuite au Tour de France, avec le statut de coureur protégé.

Walter Godefroot rejoint l'équipe Peugeot. C'est une recrue importante, qui a une grande expérience. Bien souvent, le soir, il est venu me conseiller dans la chambre. J'ai une profonde estime pour lui. Il m'a beaucoup appris.

Je m'entraîne correctement l'hiver, termine à la 6e place du Critérium National que remporte Raymond Poulidor et me dirige vers les Ardennes belges. Pour moi, c'est une véritable découverte car je me suis très peu produit en Belgique depuis mes débuts dans la carrière. La première classique ardennaise est la Flèche Wallonne. Elle part de Liège, passe à Namur pour le ravitaillement et se termine à Marcinelle. Peu avant le ravitaillement, je fais partie d'un groupe de contre-attaque qui s'apprête à rejoindre l'échappée principale. Je casse un rayon de la roue arrière. Robert Naeye, le directeur sportif de Peugeot, ne peut me secourir. Il suit Bracke dans la première échappée. Je décide donc d'aller jusqu'au ravitaillement afin de changer de roue calmement. Mais là, mauvaise surprise : il n'y a pas de roue de secours. Le dépannage neutre n'existe pas encore. Il ne me reste plus qu'à abandonner. Dans la voiture Peugeot du ravitaillement, je trouve tout juste la place de glisser mon vélo. Mais moi, non... Seule solution : attendre la voiture-balai. Me voici donc en tenue de coureur, sans vélo, sur le bord de la route.

Le peloton passe, puis quelques attardés, enfin la voiture de fin de course. Mais pas de balai. Le gendarme chargé de rétablir la circulation après le passage de la course m'apprend que la voiture-balai est tombée en panne au bord de la route et qu'elle n'est pas remplacée. Compatissant, il fait signe à un automobiliste de s'arrêter, et, gentiment, le conducteur accepte de me déposer au

Dans la cour des grands...

bord de l'autoroute. Là, un autre automobiliste, tout aussi compatissant, me conduit à l'entrée de Marcinelle et m'indique l'emplacement de la ligne d'arrivée. Toujours en coureur, avec maillot et cuissard, j'arpente les rues pavées. J'entends encore le bruit mat des cales de mes chaussures à chacun de mes pas. J'ai l'impression que la ville entière se retourne sur moi. Après trois ou quatre kilomètres de cette curieuse promenade, je parviens sur la ligne d'arrivée, où je récupère mon vélo avant de filer à l'hôtel.

Ce soir-là, je suis complètement détruit. Physiquement et moralement. Est-ce cela le professionnalisme ? Est-ce cela une course internationale ? Une course sans voiture-balai ? Une voiture de l'équipe sans roue de secours ? Est-ce pour cela que je me suis entraîné tout l'hiver ? Heureusement, un coureur cycliste doit avoir le caractère bien trempé. Le mien me permet d'oublier ces mauvais moments et de terminer, trois jours plus tard, à la 12e place d'un difficile Liège-Bastogne-Liège remporté par Eddy Merckx.

J'ai tout juste le temps de rentrer chez moi pour changer de valise. Me voici à Almeria, en Andalousie, pour prendre le départ du Tour d'Espagne. Malgré la présence de Raymond Poulidor et de Joop Zoetemelk, Luis Ocaña est le grand favori. Quant à moi, je dois, en toute circonstance, protéger notre leader, Ferdinand Bracke.

Cette Vuelta commence bien mal pour moi. Dès le prologue, je cherche à réaliser une performance. Or sur le circuit d'Almeria se trouve une fontaine qu'il faut contourner. Et sans me rendre compte que l'eau éclabousse la chaussée, la rendant humide, j'effectue une belle cabriole. Des éraflures m'arrachent toute la peau de la jambe gauche. Le soir-même, Godefroot m'explique avec autorité qu'un jeune coureur comme moi n'a pas le droit de se diminuer physiquement ainsi, et encore moins son équipe. Heureusement, en l'absence de grandes difficultés, le début de l'épreuve est relativement calme. La peau arrachée lors de la chute se refait vite.

Lorsque Bracke prend le maillot *amarillo* de leader à Vitoria, à cinq jours de l'arrivée, tous ses équipiers se couchent littéralement sur le vélo pour défendre la position acquise : nous sommes soucieux de bien faire et, dans mon cas, d'apprendre vite. Walter Godefroot se conduit en véritable capitaine de route, nous conseillant sans cesse, nous dictant la conduite à tenir. Son aide est tout particulièrement précieuse dans l'étape de Burgos, au cours de laquelle Bracke connaît un passage à vide.

Dans la cour des grands...

Finalement, Peugeot quitte cette Vuelta avec les honneurs, Ferdinand Bracke l'emportant devant un autre Peugeot, Wilfried David. De plus, grâce à Godefroot et à David, nous remportons trois étapes. Je termine à la 44e place.

L'arrivée de la Vuelta a lieu le dimanche 16 mai. Mais pas question de souffler. Dès le lendemain, nous quittons Madrid pour Avignon afin de prendre, le mardi 18, le départ du Critérium du *Dauphiné libéré*.

La première étape nous mène de la Cité des papes à Saint-Étienne. La route compte le franchissement d'un col. Dans celui-ci, Bracke est décroché. Je l'attends, lui fait rejoindre le peloton. Quelques instants plus tard, il est de nouveau en difficulté. Je l'attends une nouvelle fois. « Va, me dit-il, va faire ta course. Je n'en peux plus. » Je ne me le fais pas dire deux fois et réintègre le groupe de tête pour me mêler à l'évolution de la situation. Bien m'en prend : je parviens ainsi à terminer troisième et premier Français de ce *Dauphiné*, derrière Eddy Merckx et Luis Ocaña, mais devant Raymond Poulidor. Je remarque que Merckx n'a pas le rayonnement que tout le monde lui prête. Dans l'ascension du col du Granier, lors de l'étape d'Annecy, je trouve son coup de pédale heurté et surtout sa vitesse de progression un peu lente. Heureusement pour lui, son équipier De Schoenmaker est présent à ses côtés pour lui permettre d'accompagner ses adversaires jusqu'à l'arrivée et de conserver sa première place au classement général. À ceux qui lui demandent des explications sur cette faiblesse, il répond de façon lapidaire : « La seule défaillance aujourd'hui est celle de mon dérailleur. » Je sais maintenant ce qu'il faut dire en cas de légère panne de cuisse.

Ce *Dauphiné* m'ouvre les yeux. Je suis comblé. L'an dernier, bronchiteux, je terminais à plus d'une heure du vainqueur. Cette année, pour ma deuxième saison professionnelle, je ne suis battu que par Merckx et Ocaña. Je suis presque sur leurs talons après un Tour d'Espagne exigeant. Incontestablement, j'ai franchi une étape dans ma progression professionnelle. Mon but maintenant est de réussir un bon Tour de France. Aussi, dès la fin du Critérium, je file chez moi au plus vite. J'ai besoin de me changer les idées, de retrouver mes routes d'entraînement et de raconter à mes amis tout ce qui m'arrive.

Le 24 juin, je suis à Mulhouse pour le départ du Tour. Le parcours montagneux de l'épreuve me plaît avec ses sept cols de première catégorie, ses huit cols de deuxième catégorie et ses arrivées en altitude au Puy de Dôme, à Orcières-Merlette, à Superbagnères et à Gourette, 4 kilomètres après le sommet de l'Aubisque.

Au sein de la formation Peugeot, je suis coureur protégé. La moitié de l'équipe qui a conduit Bracke au succès sur les routes espagnoles est présente.

D'entrée de jeu, Eddy Merckx marque son territoire. Sa formation est la meilleure du prologue, disputé par équipes contre la montre. Il endosse le maillot jaune, le perd le lendemain au cours du tiers d'étape qui nous conduit à Bâle, en Suisse, mais le récupère à Fribourg, en Allemagne, au cours du tiers d'étape suivant.

Le lundi 28, c'est Mulhouse-Strasbourg. La course part vite. Nous, les Peugeot, occupons les premières places du peloton. En début d'étape, dès les premiers lacets du col de Firstplan, l'un des nôtres, Christian Raymond, se projette en tête de la course. Merckx saute dans sa roue en compagnie d'Ocaña, puis de Van Impe, de Zoetemelk, de De Vleaminck et de Motta. Pas de problème. C'est l'échappée du jour. Très vite, nous sommes quinze, dont trois Peugeot (Christian Raymond, Raymond Delisle et moi-même) à pédaler à vive allure en direction de la capitale alsacienne, encore distante de 100 kilomètres. Je n'ai même pas le temps de parler avec mes équipiers tant l'allure est vive. À l'arrivée à

Strasbourg, sur la piste en cendrée du stade Tivoli, Merckx et De Vlaeminck veulent tous deux l'emporter. Ils prennent des risques insensés, méprisant les règles les plus élémentaires de l'équilibre. Finalement, c'est Merckx le vainqueur. Le peloton termine avec un retard de huit minutes. Le premier ménage du Tour est terminé.

Après une rapide traversée de la Lorraine, de la Belgique et du nord de la France qui évite les pavés, le Tour prend à Nevers le départ de l'étape Nevers-Puy de Dôme. C'est pour moi un premier test. J'appréhende un peu cette montée, car c'est la première du Tour. Le Puy de Dôme, c'est 12,5 kilomètres d'ascension, avec des portions oscillant entre 10 et 12 %. Pour parer à toute éventualité, je me dégage du groupe de tête à huit kilomètres du sommet, peu après le village de La Barraque qui marque le pied de la montagne. C'est une attaque surprise. Derrière moi, c'est un peu la panique. J'entends les klaxons des voitures des directeurs sportifs qui veulent absolument aller conseiller leurs coureurs. La mâchoire serrée, les yeux rivés sur la route, je continue ma progression sans me soucier du vacarme.

À quatre kilomètres du sommet, Luis Ocaña, tel un avion, parvient à ma hauteur : « Viens, viens avec moi ! » Je n'ai même pas le temps de

Dans la cour des grands...

formuler ma réponse qu'il est déjà cinq mètres devant moi. Au sommet, l'Espagnol devance Zoetemelk de 7 minutes, Agostinho de 13 et Merckx de 15. Pour ma part, je suis 8e, à 1 minute 11 secondes. J'ai payé en fin d'étape mon offensive initiale. Je deviens 5e du classement général, à 1 minute 58 de Merckx.

Le lendemain, notre équipier Walter Godefroot l'emporte à Saint-Étienne. La joie éclate dans l'équipe. Godefroot tourne autour de la victoire depuis trois mois. Malchanceux dans Paris-Roubaix, puis dans la Flèche Wallonne, remarquablement mis sur rail par Jean-Pierre Danguillaume, il acquiert sa sixième victoire d'étape dans le Tour. Il endosse en même temps le maillot vert du classement par points.

Voici maintenant les Alpes, avec tout d'abord Saint-Étienne-Grenoble par les cols du Cucheron et de Porte, avant la plongée sur la capitale dauphinoise. Dans le col de Porte, Ocaña montre une puissance exceptionnelle, titanesque. Il fait mal aux jambes à tout le monde. Merckx, qui connaît des ennuis de dérailleur, décroche. J'arrive à suivre Ocaña en compagnie de Zoetemelk et de Gosta Peterson. Nous nous retrouvons à quatre en tête et pénétrons ensemble sur le vélodrome. Je gagne au sprint, un exploit qui restera très rare dans ma carrière. Pour une seconde, Zoetemelk ravit le maillot jaune à Merckx.

Une fois encore, je suis content de constater que je m'améliore car la journée fut rude.

En fin de matinée, ce jeudi 8 juillet, nous nous retrouvons sur le terrain de la Foire-Exposition de Grenoble pour prendre le départ de Grenoble-Orcières-Merlette. 134 kilomètres par la côte de Laffrey, le col du Noyer et l'arrivée en altitude à Merlette à 1 817 mètres au-dessus du niveau de la mer. Le soleil, déjà très haut dans le ciel, darde ses rayons les plus brûlants. J'ai tout de même l'impression de ne pas avoir totalement récupéré de l'étape de la veille. Nous roulons tranquillement vers Vizille, mais chacun est vigilant. Tous les candidats à la victoire finale sont aux premières loges du peloton. À Vizille, nous sommes au pied de la côte de Laffrey. Une montée de 7 kilomètres permettant de passer de 278 à 910 mètres d'altitude. À l'époque où les autoroutes sont encore rares, cette côte est un épouvantail pour les poids lourds : soit trop longue à monter, soit trop dangereuse à descendre. Dès que la côte se présente, Luis Ocaña jaillit du peloton. Une vraie bombe. Derrière lui, nous sommes tous en file indienne pour tenter de le rejoindre. Seuls Agostinho et, un peu plus tard, Van Impe y parviennent, mais

Dans la cour des grands…

pas pour très longtemps. Au sommet de la côte, Ocaña est complètement hors de notre vue. Il nous faut faire rouler nos équipiers pour colmater la brèche. Or des équipiers, nous n'en avons plus. Ocaña a fait exploser le peloton tel un fruit trop mûr. Certains coureurs, surpris par la violence de l'attaque de l'Espagnol, asphyxiés par la brusquerie de cette offensive, ont même été à deux doigts de mettre pied à terre.

Dans le col du Noyer, puis sur la route de Merlette, Ocaña accomplit l'exploit de sa carrière. À l'arrivée, il devance Van Impe de 6 minutes et Merckx de 9 minutes. Je termine dans le même temps que Merckx. Tout au long de cette étape, jamais le Belge n'a demandé le moindre relais. En grand champion, il assume son statut de favori même dans la plus cuisante des défaites.

Luis asphyxie tellement la course que les commissaires et les organisateurs décident de faire une entorse aux règlements. Si ceux-ci étaient appliqués, il ne resterait alors plus que 38 coureurs en course, sur les 109 partants. Finalement, seuls trois d'entre eux, dont Walter Godefroot, doivent faire leur valise pour rentrer chez eux.

Au classement général, Luis Ocaña devance Joop Zoetemelk de 8 minutes 43, Lucien Van Impe de 9 minutes 20. Merckx et moi-même sommes un peu plus loin. La journée de repos qui s'ensuit est la bienvenue. Tous les coureurs ont besoin de souffler, d'autant plus que l'étape du lendemain démarre à 8 h 30 du matin.

Sur la place où va être donné le départ pour Marseille, Luis Ocaña, tout de jaune vêtu, est très entouré. Il signe des autographes, répond aux journalistes, plaisante avec ses équipiers. À peine Félix Levitan a-t-il abaissé son drapeau libérant les coureurs que le Hollandais Wagtmans, coéquipier de Merckx, suivi de Merckx lui-même entame une descente à faire frémir les plus endurcis. Je ne sais même pas si Ocaña a serré ses cale-pieds lorsque Wagtmans jaillit du groupe. Merckx, on le constate alors, a bien préparé son offensive, car avec lui, outre Wagtmans, dégringoleur hors pair, se trouve Huysmans, un autre coureur de la « bande à Merckx » et rouleur de grand talent. Ces trois-là sont rejoints par Aimar, Bouloux et Letort du côté français, le Hollandais Van Der Vleuten et deux Italiens, Paolini et Armani. Ils sont neuf qui, durant toute l'étape, soit pendant 251 kilomètres, vont tenir tête au peloton avec une avance oscillant entre deux et trois minutes. Autour d'Ocaña, on s'organise. Son équipe est mise à contribution. On va vite. Très vite. Nous traversons les villes sans même nous en rendre compte. Il ne me souvient pas d'avoir vu Gap,

Dans la cour des grands…

Vinon-sur-Verdon ou Gardanne. C'est l'Italien Armani qui remporte l'étape. Le peloton termine avec moins de deux minutes de retard. À l'arrivée, sur le Vieux-Port, la foule est clairsemée. Il y a plus de forces de l'ordre que de spectateurs. Et pour cause : nous avons 1 heure 5 minutes d'avance sur l'horaire le plus favorable et le maire de la ville, Gaston Defferre, est absent : il est encore à table. On m'a dit plus tard que Defferre, fou furieux de cette aventure, n'a plus voulu recevoir le Tour pendant de longues années.

Dans ce Tour, tout va vite. À peine arrivés sur le Vieux Port, nous voici à Marignane. Des avions nous attendent pour nous transporter à Albi où a lieu l'étape du lendemain. Enfin nous pouvons parler entre coureurs, ce que nous n'avons pas eu le loisir de faire pendant la journée. On applaudit les commissaires qui repêchent treize d'entre nous (il est vrai que la moyenne de l'étape est élevée, 43,351 kilomètres à l'heure) et on commente l'attitude de Merckx qui ne s'avoue jamais battu et est maintenant 2e du classement général à 7 minutes 34 secondes d'Ocaña. Enfin, et surtout, on se demande de quoi demain sera fait.

Après une halte à Albi pour une étape contre la montre de 16 kilomètres, au cours de laquelle Merckx reprend onze secondes à Ocaña, voici

Revel-Luchon. 215 kilomètres par les cols du Portet d'Aspet, de Menté et du Portillon. Dès les premiers lacets du Portet d'Aspet, l'Espagnol Fuente se dégage. Il est peu dangereux au classement général. Personne ne bouge. Un peu plus tard, toujours dans ce col, Merckx porte deux violentes attaques. Ocaña et le reste de la troupe réagissent. Ocaña réplique. Merckx riposte aussitôt. Le bras de fer est engagé. La chaleur devient de plus en plus lourde, difficile à supporter. C'est une chaleur poisseuse, chargée d'humidité. Elle annonce l'orage, d'autant plus que de très gros nuages noirs viennent obscurcir notre champ d'action. Merckx n'en a cure. Il poursuit son travail de sape. Au sommet du col de Menté, Fuente passe en tête. Guimard est à 4 minutes 45, Merckx, Ocaña, Van Impe, Lopez-Carril et Zoetemelk sont à 4 minutes 50. Je passe à 5 minutes en compagnie de Wagtmans.

Dans la descente, l'orage éclate. Un orage d'une violence inouïe. Les éclairs zèbrent le ciel. Le tonnerre explose en une colère assourdissante. Son fracas amplifié par l'écho envahit la montagne toute entière. L'eau qui tombe en abondance transforme la route en ruisseaux charriant à la fois des brindilles, des pommes de pin, des touffes d'herbe et de la terre. C'est une eau boueuse, qui draine les immondices de la nature blessée, qui coule en abondance sous nos roues.

Lorsque nous passons sous les arbres, ceux-ci déversent sur nos échines de véritables trombes d'eau qui glacent encore plus nos pauvres corps. Il y a bien longtemps que mes freins ne répondent plus. Je joue sans le vouloir à l'équilibriste. Eddy Merckx veut absolument refaire le terrain perdu. Il prend la tête du groupe et, ignorant les conditions atmosphériques, va de plus en plus vite dans la descente suivi comme son ombre, si ce n'est plus près, par Ocaña. Après chaque virage, le Belge se retourne pour voir si l'Espagnol est toujours dans sa roue. Merckx manque de tomber mais redresse la situation et repart de plus belle. Lui non plus n'a sans doute plus de frein, mais cela n'a pas l'air de l'inquiéter.

Dans un virage en épingle à cheveux sur la gauche, Ocaña dérape. Il tombe. Il se relève avec difficulté. Zoetemelk, en fin de dérapage, lui aussi privé de frein, le percute. Ocaña retombe. Agostinho vient à son tour s'affaler contre l'Espagnol. C'en est trop pour Luis qui reste étendu sur le bas-côté de la route au milieu des miasmes que la forêt continue de déverser. Les voitures suiveuses s'arrêtent là où elles peuvent. On se précipite. Jacques Goddet, tel un fantôme avec son imperméable crème, au milieu de la route fait signe de ralentir. Il fait toujours aussi sombre. Un mécano de l'équipe BIC me percute. Je me relève le coude ensanglanté et l'épaule meurtrie. Pour m'éviter, Wagtmans coupe directement à travers champs. Je repars. J'ai juste le temps d'apercevoir Luis Ocaña soutenu par ses accompagnateurs. Quelques kilomètres plus loin, dans le val d'Aran, le pays natal d'Ocaña qu'il se faisait une fête de traverser avec le maillot jaune sur les épaules, les spectateurs nous regardent passer sans un mot, sans un geste. Leurs mines sont tristes. Ils viennent d'apprendre l'abandon de leur héros. Le soleil est maintenant revenu. Les routes sont sèches. Comme tout le monde j'ai hâte que cette étape se termine. À Luchon, Merckx récupère le maillot jaune, mais il refuse de le porter.

Le lendemain, c'est la montée contre la montre de Superbagnères. Il fait un froid à ne pas mettre un coureur dehors. Je suis devancé par Fuente et Van Impe, mais je reprends 38 secondes à Merckx. Et parce que, dans la course cycliste, il faut sans cesse remettre son métier sur l'ouvrage, nous avons droit le matin à une demi-étape Luchon-Gourette et Gourette-Pau l'après-midi. L'étape du matin est un calvaire. Une pluie drue et froide tombe du départ à l'arrivée. Puis l'orage qui menace finit par éclater. En passant aux abords du sommet du Tourmalet, je vois un spectateur sur le bord de la route recevoir la foudre.

Dans la cour des grands...

La nature n'est clémente ni avec les coureurs, ni avec les spectateurs cette année. Très vite, je me rends compte que je ne suis pas au mieux. Je termine à la 16e place, à 4 minutes du vainqueur Bernard Labourdette, assurant ainsi ma 4e place au classement général.

Trois jours plus tard, nous sommes à Paris. Je suis quatrième et premier Français au classement définitif. Jacques Goddet écrit dans *L'Équipe* : « Ce Tour restitue la légende des géants de la route. »

Il est vrai que, tout au long de l'épreuve, aucun coureur n'a ménagé sa peine. Je suis certain maintenant de pouvoir obtenir l'an prochain une place de leader. J'ai la certitude de pouvoir un jour gagner le Tour de France.

CHAPITRE IV

« Un Tour sans pitié ! »

Lorsque débute la saison 1972, je suis plus que jamais certain que mon avenir cycliste est d'abord dans les courses à étapes. Mes facultés de récupération me confortent dans cette idée. J'ai déjà participé à deux reprises au Tour de France et ne suis jamais sorti physiquement détruit de l'épreuve, même lorsque celle-ci comporte, comme c'est le cas en 1970, plusieurs demi-étapes et aucune journée de repos. Le parcours de l'édition 1972, dévoilé mi-janvier, renforce encore ma conviction. Le Tour 72 sera un Tour difficile, dont la ligne de force principale est la montagne. Luis Ocaña partage mon point de vue en annonçant : « Ce Tour sera sans pitié. Je le prépare dès maintenant. »

Début février, toute l'équipe Peugeot est rassemblée, comme d'habitude, dans les gorges du Loup. Mon seul objectif est d'accumuler les kilomètres d'entraînement, puisque ma rentrée en compétition est prévue pour fin mars. Je me fais le plus discret possible. Ce qui est facile, puisque Raymond Poulidor, victorieux à 36 ans de Paris-Nice, concentre sur lui l'attention du public. Un peu plus tard, ce sont Eddy Merckx, Luis Ocaña et Cyrille Guimard qui entretiennent les feux de l'actualité.

Je termine dans le peloton à Belvès pour le Critérium National (victoire de Poulidor), fais l'impasse sur le Tour des Flandres, termine à la 11ᵉ place de Liège-Bastogne-Liège et abandonne dans la Flèche Wallonne.

Le mercredi 26 avril, je fais enfin une apparition dans les journaux après ma victoire dans la première étape du Tour d'Indre-et-Loire. C'est une victoire en solitaire, acquise à l'issue d'une échappée déclenchée à 7 kilomètres de l'arrivée. Les deux jours suivants, malgré deux victoires consécutives de Cyrille Guimard, je conserve la tête de l'épreuve et obtiens mon premier succès de l'année. Cette victoire me fait d'autant plus plaisir qu'elle me permet de me comporter en patron au sein de l'équipe ce qui, jusqu'à présent, n'est pas le trait dominant de mon caractère. Dans cette épreuve, toute l'équipe roule pour moi et chacun agit comme je le veux.

Nous nous dirigeons ensuite vers la Suisse pour disputer le Tour de Romandie. Autant Roger Pingeon est inquiet pour sa santé, autant la mienne est éclatante. Dès le premier jour, grâce à notre victoire dans le prologue, disputé contre la montre par équipes, j'endosse le maillot vert de leader. Le lendemain, on assiste à un succès de Raymond Delisle et Pierre Martelozzo devient premier du classement général. Le troisième jour, c'est celui du contre-la-montre à Neuchâtel. Le parcours est exigeant, avec notamment l'escalade de la côte de Chaumont qui domine le lac et culmine à 1 164 mètres d'altitude. Incontestablement, je fais des progrès d'année en année dans le domaine du contre-la-montre. Redevenu leader, je remporte ce Tour de Romandie. La presse française salue cette victoire en insistant sur le fait que je suis le premier coureur français depuis Louis Rostollan en 1961 à avoir inscrit mon nom au palmarès de l'épreuve et en mettant en avant ma studieuse préparation au Tour de France, dans lequel dit-elle, j'aurai « incontestablement un rôle à jouer ». Chez Peugeot où, depuis le début de la saison, le compteur des victoires flirte désagréablement avec le zéro, le moral revient.

Thévenet

Place maintenant au Critérium du *Dauphiné libéré*. À Chalon-sur-Saône, je remporte avec mon équipe le prologue et devient leader de l'épreuve avant de céder la première place du classement général à Roger Pingeon, vainqueur de l'étape de Saint-Étienne. L'équipe tourne rond. Tout le monde joue le jeu. À Chambéry, Robert Bouloux, vainqueur d'étape, est le nouveau leader. Dans la Chartreuse, Luis Ocaña est intenable. Il écrase la course. Je suis son dauphin. Il ne me manque pas grand-chose pour l'accompagner dans sa longue chevauchée solitaire, mais cette deuxième place finale me convient car désormais, non seulement je suis capable de suivre, mais encore je peux attaquer, ce qui constitue une différence considérable par rapport aux années précédentes. Luis Ocaña conclut ce *Dauphiné* d'une phrase qui me va droit au cœur : « Dans le prochain Tour de France, il faudra battre Bernard Thévenet pour gagner. »

Je dispute encore le Grand Prix du *Midi libre*, remporté par Cyrille Guimard, puis le championnat de France, dont le vainqueur est Roland Berland, avant de me rendre à Angers pour le départ du Tour. Nous sommes logés à l'Hôtel de France, qui devient pour quelques jours un établissement réservé au cyclisme : outre notre

« Un Tour sans pitié ! »

équipe, Eddy Merckx et les siens y établissent, eux aussi, leur camp de base. Ceci permet, sans entrer dans les détails, d'avoir des petites conversations avec le champion belge.

À Angers, nous sommes 132 au départ, répartis en 12 équipes de 11 coureurs. Selon les observateurs, la victoire doit se jouer entre Merckx et Ocaña. Mon nom est cité parmi les outsiders. Notre équipe Peugeot est à trois têtes. Walter Godefroot pour les étapes de plat, Roger Pingeon et moi-même pour le reste. Dès le prologue, Eddy Merckx selon son habitude revêt le maillot jaune. À Saint-Brieuc, à la suite de sa victoire d'étape, Cyrille Guimard devient premier du classement général. Le soir, avec Gaston Plaud, toute l'équipe analyse la situation. Jusqu'à Bayonne, c'est-à-dire pratiquement pendant une semaine, les étapes de plat se succèdent. Il faut donc trouver une solution pour provoquer une sélection avant le massif pyrénéen. Tout le monde est bien d'accord. Reste à trouver et à profiter du moment favorable. Cette opportunité survient le quatrième jour, sur la route de Royan.

Ce jour-là, la course quitte la Vendée en longeant le bord de mer puis s'enfonce dans les terres avant de retrouver la mer aux abords de Royan. Lorsque nous quittons les rives de l'Atlantique, nous pénétrons dans une zone de marais. Le vent souffle, les haies ne sont pas assez hautes pour en amoindrir les effets néfastes. Des éventails se forment. Je fais partie du premier d'entre eux, composé de 18 coureurs, parmi lesquels se trouvent Merckx, Ocaña et Guimard. Il y a trois Peugeot, ce qui démontre combien nous sommes attentifs à nous placer en tête du peloton : Walter Godefroot, Jean-Pierre Paranteau et moi. C'est exactement la même situation que l'an passé, sur la route de Strasbourg. Tout de suite, chacun des participants à cette offensive est persuadé de la réussite de l'opération et participe à une progression rapide du groupe vers Royan, où Cyrille Guimard s'impose à nouveau. Le peloton franchit la ligne d'arrivée avec un retard de 3 minutes 8 centièmes. Parmi les battus, on compte Joaquim Agostinho, Lucien Van Impe, Raymond Poulidor et Joop Zoetemelk. Le classement général s'éclaircit.

La course se poursuit. Je me sens plein de forces. J'évite de trop le montrer pour ne pas attirer l'attention sur moi. Le dimanche 9 juillet, nous prenons le départ de l'étape Bayonne-Pau pour la première étape de haute montagne. Aujourd'hui, il faut escalader le col d'Aubisque. Le temps est maussade. Une petite pluie fine humidifie la chaussée. La route s'annonce glissante. L'équipe Peugeot est prête pour les tâches les plus rudes. Roger Pingeon n'a pas grand moral, mais Wilfried David est prêt à le suppléer. La première heure de course n'est pas encore terminée que Wilfried David et Alain Santy se projettent en tête. Ensemble, ils abordent les premières pentes de l'Aubisque. David ne tarde pas à ouvrir seul la route, Santy ne pouvant suivre son rythme effréné. Luis Ocaña, qui ne tient plus en place dès que la route s'élève, attaque à plusieurs reprises, mais Eddy Merckx veille au grain et annihile toutes les offensives de l'Espagnol. Au sommet de l'Aubisque, David est en tête, Santy à 2 minutes 50, Merckx et Ocaña à 4 minutes 5 secondes, Poulidor et moi à 4 minutes 10, Zoetemelk et Hézard à 4 minutes 15, Martinez et Pingeon à 4 minutes 30.

Dans le balcon de Soulor, une route tracée à flanc de montagne, bordée à droite par la roche et à gauche par des à-pics de 800 mètres, c'est le regroupement général derrière David. Luis Ocaña est un peu retardé au début de la descente de Soulor par une crevaison. David crève, lui aussi, et est contraint d'attendre sur le côté droit de la route de trop longues minutes avant qu'on vienne le secourir. La pluie, qui avait cessé, recommence à humidifier la chaussée. La descente de Soulor par la route pittoresque qui surplombe le cirque du Litor est rapide, trop rapide pour moi. À

Ferrières, après 11 kilomètres de descente, la situation est la suivante : Merckx, Poulidor, Hézard, Gimondi, Van Impe et Guimard sont en tête, suivis à trente secondes par Ocaña, Santy, Janssens et moi-même. Ocaña veut visiblement combler son retard le plus vite possible. Il mène un train d'enfer. Nous ne sommes plus qu'à 150 ou 200 mètres du groupe de tête. Encore deux ou trois virages et nous rejoignons nos camarades. Tout à coup, dans une courbe à gauche, à la sortie du village d'Arthez-d'Assan, Ocaña glisse, tombe et termine sa chute contre un petit muret. Alain Santy et moi qui le suivons ne pouvons l'éviter et, comme Ocaña, nous terminons notre glissade contre le muret. Seul Janssens réussit à éviter la chute. Ocaña se relève aussitôt et repart. Santy est à mes côtés, inanimé, mais je ne m'en rends pas compte. D'ailleurs je ne me rends compte de rien. C'est le trou total dans ma mémoire. Suis-je remonté seul sur mon vélo ? M'a-t-on aidé ? Pleut-il encore ? Ai-je perdu beaucoup de temps ? Je n'en sais plus rien. Passé le village de Nay, à une vingtaine de kilomètres de l'arrivée, je sors petit à petit de ma léthargie. Je me rends compte tout d'abord que je suis en train de pédaler. Je trouve cela étrange. Gaston Plaud se porte à ma hauteur. Le dialogue dont j'ai gardé la mémoire est le suivant :

— Monsieur Plaud, où suis-je ?

— Bernard, tu es sur le Tour. Tout va bien.

Je constate alors qu'un liquide poisseux que j'identifie comme du sang coule depuis le haut de mon crâne sur ma tempe gauche, puis sur mon menton avant de tomber en fines gouttelettes sur ma cuisse.

— Monsieur Plaud, pourquoi je saigne ?

— Tu es tombé. Maintenant, ça va mieux.

— L'arrivée est encore loin ?

— Non. Une vingtaine de kilomètres tout au plus. Il y a encore une petite côte et ensuite ça va tout seul.

Petit à petit, je reviens à moi. Oui, je suis bien sur le Tour. Les spectateurs au bord de la route, les voitures ou motos qui m'entourent sont là pour me le prouver. Ainsi donc je suis tombé. Ai-je perdu le Tour ?

Yves Hézard gagne l'étape. Luis Ocaña perd 1 minute 59 et moi 6 minutes 32. L'espoir de victoire que j'entretiens depuis le départ vient de disparaître. Mais ce n'est pas le plus important. Il faut me soigner. Je suis transporté à l'hôpital de Pau. On me nettoie, on me panse, on me fait passer des radios. Je veux rentrer à l'hôtel. « Pas question, ordonne le médecin. Vous allez rester ici toute la nuit et demain matin, on verra si vous pouvez continuer votre route dans le Tour. » Abel Baronneau, le soigneur, vient me masser à l'hôpital. Je tente, sans y parvenir, de trouver le sommeil, tandis que dans une chambre voisine, une minerve posée sur le cou, Santy est condamné à rester immobile : il s'est fracturé une vertèbre cervicale. Cette nuit-là, je ne fais que somnoler vaguement. Aux premières heures du jour, je subis de nouveaux contrôles radiographiques. Le feu vert est donné. Je peux continuer.

Le personnel médical de l'hôpital est tout de même un peu étonné. Comment peut-on subir un tel traumatisme, avoir perdu tant de sang, avoir si peu dormi et quelques heures plus tard s'élancer pour gravir les trois cols du Tourmalet, d'Aspin et de Peyresourde ? La question m'est posée. Je réponds que la volonté d'un coureur doit être sans faille, surtout lorsqu'il veut, un jour, gagner le Tour.

Au départ de Pau pour Bagnères-de-Luchon, le temps n'est guère au beau fixe, mais ce n'est pas la pluie froide d'hier. J'ai du mal à garder les yeux ouverts : je manque de sommeil et j'arbore au sommet du crâne un pansement cylindrique qui ressemble à s'y méprendre à un énorme bigoudi. Dès le départ, je m'approche de Raymond Poulidor pour le remercier des propos élogieux qu'il a prononcés à mon sujet après l'arrivée. Puis la course reprend ses droits. Je ne souffre pas trop dans le Tourmalet, premier col de

« Un Tour sans pitié ! »

la journée ; mais dans Aspin, c'est un véritable calvaire, un « chemin de croix ». Dans la montée, tout le côté gauche de mon corps me fait cruellement souffrir. Dans les descentes, chaque secousse m'arrache un cri de douleur. J'ai l'impression que des millions d'aiguilles me percent le dos. Je termine cette étape comme je peux, à la 9e place, mais à 2 minutes 56 secondes seulement du vainqueur, Eddy Merckx.

Deux jours plus tard, alors que Roger Pingeon nous a quittés, victime d'un genou douloureux, l'hématome est complètement résorbé. Je fais des nuits complètes qu'aucun cauchemar ne vient troubler. C'est l'étape du mont Ventoux. Je nourris une forte envie de gagner, mais j'ignore si j'en ai les moyens. Dès les premières pentes, Luis Ocaña, fidèle à sa tactique, place démarrage sur démarrage. Au total, l'Espagnol attaque six fois le Belge. Six fois, le Belge le maîtrise. À chaque offensive d'Ocaña, notre peloton déjà bien maigrelet perd encore une ou deux unités. C'est du grand cyclisme. Je réussis tant bien que mal à ne pas être distancé. Mes douleurs ont disparu. À 1 500 mètres du sommet, je démarre pour aller chercher une victoire d'étape amplement méritée. Finalement, je l'emporte.

Quelques jours plus tard, je récidive en attaquant à un kilomètre du sommet du ballon d'Alsace, terme de l'étape. Merckx remporte ce

Thévenet

Tour devant Gimondi et Poulidor. Ocaña et Guimard ont abandonné au cours de la dernière semaine. Je termine à la 9ᵉ place, vainqueur de deux belles étapes. J'achève ce Tour moins fatigué que les années précédentes, malgré ma chute. Et surtout, je confirme les propos d'Eddy Merckx : je suis bien un coureur du Tour.

CHAPITRE V

Challenger de Luis Ocaña

Au début de la saison 1973, la formation Peugeot subit d'importantes modifications. Alors que Roger Pingeon nous quitte pour rejoindre les Allemands de Rokado, Régis Ovion, qui fut champion du monde des amateurs devant Freddy Maertens, nous rejoint. Régis est resté plus longtemps que prévu dans les rangs amateurs en raison des Jeux de 1972 et il passe professionnel dès la fin des épreuves olympiques. Il participe avec nous aux épreuves de fin de saison. Cette prise de contact favorise grandement son intégration dans l'équipe.

Pour ma part, je mets l'hiver à profit pour faire beaucoup de séances de culture physique et m'adonner au yoga. Je pense déjà au Tour de France qui, comme d'habitude, constitue le point fort de ma saison. Pour mieux me concentrer sur cette épreuve, je suis dispensé de Paris-Nice et de Milan-San Remo. Un gain de temps précieux, pendant lequel j'effectue de longues sorties derrière cyclomoteur...

Fin mars, je prends, à Vimoutiers, le départ du Critérium national, que remporte Jean-Pierre Danguillaume. Puis j'enchaîne avec la Semaine Catalane. Le coup de pédale est bon. Je joue les équipiers pour Raymond Delisle, leader jusqu'à la veille de l'arrivée. Mais Luis Ocaña, très en verve en ce début de saison, se montre intraitable et finit vainqueur de l'épreuve.

S'ensuit le Tour de l'Aude dont je gagne la première étape. La veille de l'arrivée, Jean-Pierre Paranteau prend la tête du classement général. Il gagne cette course, juste devant Claude Aigueparses et moi : trois Peugeot occupent les trois premières places ! Gaston Plaud est heureux. Nous aussi.

Mon programme me conduit ensuite aux épreuves ardennaises. Pour la Flèche Wallonne, c'est vraiment une participation de principe puisqu'une chute survenue au bout de quatre kilomètres de course seulement me contraint à l'abandon.

À Liège-Bastogne-Liège, je finis sixième ce qui, compte tenu du parcours, est une bonne performance.

Challenger de Luis Ocaña

Pas le temps de souffler ! Il me faut prendre le départ du Tour d'Espagne. Dix-sept étapes, qui nous mènent de Calpe, sur la Méditerranée, à Saint-Sébastien, sur l'Atlantique. Eddy Merckx et Luis Ocaña sont les favoris. Je suis classé parmi les outsiders. Selon son habitude, Eddy Merckx remporte le prologue. Les huit secondes qui me séparent de lui montrent que je suis opérationnel. Le sixième jour, peu avant de pénétrer sur les routes montagneuses du Pays basque, je suis victime d'une chute en début d'étape. Au kilomètre 30, très exactement. Tous ceux qui préféreraient me voir aborder la montagne en mauvaise position au classement général en profitent pour accélérer fortement l'allure. Aidé par cinq équipiers et après une poursuite de 15 kilomètres, je rejoins le peloton. Comme par hasard, celui-ci réduit considérablement son rythme lorsqu'il réalise que je l'ai rejoint.

Mon coup de pédale est efficace. Il me donne satisfaction. Le onzième jour, c'est l'arrivée à Manresa. Dans le col de Fournic, peu après la mi-course, j'éparpille le peloton à la suite d'une violente attaque et passe en tête au sommet du col. Dans la descente, comme l'arrivée est encore à 55 kilomètres, je roule à mon rythme en attendant tranquillement que Merckx, Agostinho et Ocaña me rejoignent. Au sprint, je gagne l'étape. C'est la première fois que je bats Eddy Merckx au sprint. Je suis désormais troisième du classement général, derrière Merckx et l'Espagnol Pesarodona. Par cette offensive, j'ai voulu me tester en grandeur nature. Le test est concluant.

La course se poursuit sans encombre pour Eddy Merckx, terriblement efficace. La veille de l'arrivée, c'est l'étape de montagne de Torrelavega, avec comme ultime difficulté le col d'Orduna, à 17 kilomètres de l'arrivée. C'est la seule occasion de faire lâcher prise au Belge. C'est aussi la dernière. À mi-col, Ocaña attaque avec violence. Il lâche d'abord Eddy, puis moi-même. Dans la descente, c'est le regroupement général. Eddy gagne l'étape au sprint. Le lendemain, il emporte la victoire définitive dans la Vuelta. Luis est deuxième. Je suis troisième.

Le soir même de son succès, Eddy Merckx confirme qu'il ne prendra pas part au Tour de France, son employeur préférant pour des raisons commerciales qu'il dispute le Tour d'Italie. De nombreux coureurs vont donc se sentir psychologiquement libérés et croire d'autant plus en leur chance. Mais le Tour n'en sera pas moins difficile...

C'est maintenant le temps du Critérium du *Dauphiné libéré* qui prend le nom de Circuit du *Dauphiné-Progrès* en raison du regroupement de deux journaux. Luis Ocaña, déjà vainqueur en 1970 et 1972, est présent, de même que Raymond Poulidor et Lucien Van Impe. L'épreuve relie Thonon-les-Bains à Saint-Étienne, avec le Galibier le quatrième jour, le Ventoux le cinquième et un long contre-la-montre la veille de l'arrivée.

Dans la grande étape du quatrième jour, Luis Ocaña et moi nous dégageons dans la montée du col de la Croix-de-Fer. Personne ne nous suit. Nous rattrapons Bernard Labourdette, échappé depuis le pied du col et, en conjuguant bien nos efforts, Luis et moi grimpons la Croix-de-Fer, puis le Télégraphe et enfin le Galibier. Tout va bien pour nous. Pas de jambes douloureuses, pas d'inquiétude particulière. Le temps est beau. Il fait chaud. Ce que nous adorons l'un et l'autre. Je gagne l'étape à Briançon et deviens leader, avec six secondes d'avance sur Ocaña. Zoetemelk est troisième, à près de dix minutes. Autant dire que la lutte pour la victoire finale va se jouer entre Luis et moi.

Le lendemain, dans l'ascension du mont Ventoux, Luis tente à plusieurs reprises de me lâcher… sans y parvenir. Comme la veille, nous nous isolons dans la montée et passons en tête au sommet. Ne voulant pas fournir d'efforts inutiles dans la portion de plat qui conduit à Carpentras, ville-étape, d'autant plus qu'il pleut, nous descendons sans prendre de risques. Nos suivants immédiats nous rejoignent et accomplissent avec nous leur part de travail. Régis Ovion gagne l'étape.

Un autre théâtre d'opération se présente avec l'étape contre la montre Montceau-les-Mines-Le Creusot, longue de 33 kilomètres. Je suis particulièrement dispos pour effectuer une excellente prestation. Je connais bien le parcours. Ce n'est pas tout à fait mon lieu d'entraînement, mais presque. Une fois de plus Luis développe toute l'étendue de ses possibilités. Il me bat, me ravit le maillot de leader et, le lendemain, remporte une troisième fois l'épreuve, malgré les violentes attaques que je lui porte sur la route de Saint-Étienne au cours de la dernière étape. Après cette course, je constate qu'indéniablement j'ai pris du coffre, du volume. Je n'ai plus rien à voir avec le débutant qui disputait le Tour 70. Quant à Luis Ocaña, je ne vois guère qui peut le battre dans le Tour de France. À mon avis, il domine trop ses adversaires. Lucien Van Impe n'a pas la même opinion : il fait de moi son favori.

Je participe ensuite au *Midi libre*, remporté Raymond Poulidor. Vainqueur de l'étape de Nîmes, je termine à la 9e place du classement général.

Challenger de Luis Ocaña

Comme d'habitude le dimanche précédent le départ du Tour de France, tous les pays d'Europe font disputer leur traditionnel championnat national. En France, c'est Plumelec, une coquette bourgade bretonne habituée des organisations cyclistes qui nous reçoit. Le circuit de Plumelec, nous le connaissons tous par cœur. Sa grande difficulté, c'est la côte de Cadoudal. Une côte qui ne tire pas son nom du souvenir du chef vendéen, mais qui, plus simplement, commence dans le lieu-dit Cadoudal. Après plusieurs escarmouches, nous nous retrouvons, sur mon initiative, une bonne quinzaine à l'avant de la course. Nous sommes alors à 80 kilomètres de l'arrivée. 20 kilomètres plus loin, je suis seul. Et c'est seul que je boucle les 60 derniers kilomètres. C'est la plus grande échappée solitaire de ma carrière. En fait, lorsque je me retrouve en tête, je ne me pose pas de question mais pense seulement : « Quand on lance une échappée, il faut en assumer la responsabilité jusqu'au bout. Quand c'est parti, c'est parti. »

Les observateurs sont favorablement impressionnés par la qualité de ma prestation. Le peloton ne me reprend aucun pouce de terrain et mon avance ne descend jamais sous les deux minutes. Louison Bobet est l'un des premiers à me féliciter. Le soir de ce succès, il est prévu que je prenne le train à Vannes pour rentrer chez moi le plus vite possible. En fait, d'interview en interview, de réception en réception, je ne prends le train que le lendemain et arrive à la gare de Paray-le-Monial à 18 h 30. Tout le monde m'attend. On me fait monter dans une voiture décapotable pour traverser la ville au pas. Une foule compacte s'est massée sur mon passage, applaudissant à tout rompre. À la mairie, tous les élus sont là. Mon titre de champion de France, le premier sans doute de l'histoire de la région, tous sports confondus, est un grand motif de joie pour l'ensemble des habitants.

Pour moi, la fête dure peu de temps. Champion de France le dimanche, fêté à Paray-le-Monial le lundi soir… mais dès le jeudi après-midi, je suis aux Pays-Bas, à Scheveningen, pour le départ du Tour de France. Scheveningen, faubourg de La Haye, est la plus importante des stations balnéaires de Hollande. C'est une ville qui s'étend le long d'une immense plage, bordée de nombreuses et coquettes maisons entourées de pelouses et de parterres.

Ce Tour démarre très fort avec trois leaders successifs en deux jours. Joop Zoetemelk vainqueur du prologue, Willy Teirlinck vainqueur de la demi-étape de Rotterdam et un autre Belge, Hermann Van Springel, vainqueur de la demi-étape de Saint-Nicolas.

Les membres du peloton sont nerveux. L'absence de Merckx les libère, mais ne leur permet pas de gagner pour autant.

Le troisième jour, c'est Roubaix-Reims, une étape apparemment anodine. C'est compter sans la première partie, qui oblige, avant d'entrer dans le département de l'Aisne, à franchir plusieurs secteurs pavés du Paris-Roubaix. À Quérénaing, où les pavés sont les plus durs parce qu'en faux plat montant, Gérard Moneyron, coéquipier de Cyrille Guimard, porte une violente attaque. La sente pavée est étroite. Il est difficile de se frayer un chemin. Beaucoup de coureurs sont en équilibre instable. Je vois Ocaña rejoindre le petit groupe de tête qui vient de se former. Je veux moi aussi participer à l'échappée, mais des coureurs qui me précèdent, à la recherche de leur équilibre, m'en empêchent. Ensuite, sur le plat, nous tentons d'organiser la chasse. Les Espagnols ne veulent pas collaborer. Ils ne pensent qu'à leur propre situation. Composé de neuf coureurs dont Guimard et Ocaña, chacun accompagné de deux équipiers, le groupe de tête poursuit son effort jusqu'à Reims où il nous devance de 2 minutes 34 secondes. Je termine avec un seul équipier, Raymond Delisle, et avec Agostinho, Poulidor, Van Impe et Zoetemelk. L'Espagnol José Manuel Fuente, la bête noire d'Ocaña, est à 7 minutes. Je suis vexé. José

Catieau prend le maillot jaune. Il devance Ocaña de 1 minute 50 secondes. J'occupe maintenant la 16ᵉ place, à 4 minutes 34 secondes. Il faut absolument refaire le terrain perdu.

La première étape des Alpes est une demi-étape : Divonne-les-Bains-Gaillard, à la frontière suisse par le col du Salève. Luis Ocaña s'isole avec panache comme il sait si bien le faire. Il passe en tête du Salève, me devançant de 40 secondes. Dans la descente, à huit kilomètres de l'arrivée, je casse un câble de frein et perds 53 secondes dans l'affaire. Privé de freins, je me fais une peur énorme en évitant de justesse le saut dans le ravin.

L'après-midi, c'est Gaillard-Méribel, avec une arrivée en altitude, à 1 750 mètres. Nous avons décidé, nous les Peugeot, de porter des offensives. Danguillaume et Delisle se chargent d'être les éléments précurseurs de l'étape. Tout se joue dans la montée de Méribel. Ocaña, dans un premier temps, réplique avec violence et force à l'attaque de Danguillaume et Delisle. Le peloton explose comme un fruit trop mûr. À six reprises, Fuente tente de faire plier Ocaña. Sans y parvenir. Ocaña a toujours un petit soupçon de force pour annihiler la tentative de son compatriote. À chaque fois, accompagné de Zoetemelk et de moi-même, il revient dans le sillage de Fuente. Nous approchons de l'arrivée. Encore 5 kilomètres. L'orage qui menaçait éclate. C'est une pluie glaciale qui semble venue du glacier tout proche. Fuente et Ocaña se portent à l'avant. Je les suis. À trois kilomètres de l'arrivée, Ocaña tente de finir seul. Je le rejoins. À un kilomètre de l'arrivée, c'est moi qui, sous l'orage, attaque et passe la ligne en vainqueur, trempé jusqu'aux os. Ce succès me comble, mais ne me fait pas oublier ce câble arrière qui, ce matin-là, n'a pas répondu.

Le lendemain, c'est Méribel-Les Orres par la Madeleine, le Galibier et l'Izoard. Dans le Galibier, Ocaña et Fuente se livrent un duel sans merci. À sept kilomètres du sommet, je cède. Ocaña et Fuente poursuivent leurs efforts sans moi. Fuente refuse de relayer Ocaña. Martinez, qui m'accompagne, refuse de me relayer. Après le franchissement de l'Izoard, la course file dans la vallée du Guil. À 40 kilomètres de l'arrivée, Fuente crève. Il change de roue, mais ne parvient pas à rejoindre Ocaña qui obtient une nouvelle victoire d'étape. « C'est la victoire dévastatrice », écrit Jacques Goddet dans son éditorial quotidien. En effet, au classement général, Luis Ocaña devance de 9 minutes 8 secondes Fuente, classé à la 2e place. Je suis 3e à 10 minutes 16 secondes, soit à 1 minute 8 secondes de Fuente. Dans les Pyrénées, nouveau succès d'Ocaña à Luchon. Je suis au bout de mes possibilités. Je ne peux pas mieux faire. Je n'ai pas l'impression de courir le Tour de France, mais une succession de marathons. À peine l'un terminé, il faut repartir pour un autre. Luis Ocaña est beaucoup trop fort pour nous. Mon seul objectif, maintenant, est de finir 2e. Fuente a la même idée. Au lieu de m'attaquer franchement, il joue la sangsue, toujours collé à ma roue. Cette attitude me déplaît et décuple ma volonté.

Sur les douze kilomètres contre la montre du circuit du Lac, à Bordeaux, instruit par mon échec du *Dauphiné*, je me concentre encore plus, me livre encore plus. Finalement, je reprend 37 secondes à Fuente et devient deuxième du classement général. Il reste encore le Puy de Dôme à franchir. Ocaña, une fois encore, y est le meilleur. À trois kilomètres du sommet, un rayon de ma roue arrière casse ; le méccano de Peugeot doit le cisailler, ce qui me fait perdre du temps. Pourtant, Fuente ne me devance pas. Encore un contre la montre avant d'arriver à Paris : 16 kilomètres à Versailles. Nouvelle victoire d'étape pour Ocaña. Je suis 2e. Fuente est 11e, à 54 secondes. Ma place est bien accrochée. Pour couronner le tout, je gagne la dernière étape sur la piste municipale du bois de Vincennes, et revêt le maillot tricolore en battant au sprint Walter Godefroot, que mes équipiers ont isolé des siens lors de la préparation du sprint.

Le Tour est fini. Luis Ocaña en est le grand vainqueur, avec six victoires d'étape. Je suis 2e avec deux victoires d'étape.

La saison se poursuit avec le Championnat du monde de Montjuich, en Espagne. Je suis le chef de file de l'équipe de France. Mais aucun d'entre nous ne supporte la chaleur moite qui enveloppe le circuit et étouffe la course et nous ne jouons aucun rôle dans cette épreuve. Le sélectionneur national, Richard Marillier, annonce alors une opération commando et un stage de préparation obligatoire pour l'an prochain, à Montréal.

En fin de saison, je prends le départ du Grand Prix des Nations à Saint-Jean-de-Monts, en Vendée. Je termine à la 4e place, derrière Merckx, Ocaña et Zoetemelk. J'assure définitivement ma 1re place du Trophée Prestige tricolore. Le soir, comme convenu, on nous conduit à l'aéroport de Nantes où nous attend un avion spécial qui doit nous conduire à Lausanne pour prendre le départ de la course À travers Lausanne. Dans l'avion, Eddy Merckx et Luis Ocaña, qui ne s'adressent plus la parole depuis des mois, redeviennent amis.

Ils nous convient à fêter l'événement. Une grande partie de la nuit nous célébrons ces retrouvailles de l'amitié. Nous prenons tous le départ de la course, que nous terminons. Plus tard, devenu producteur d'armagnac, Luis Ocaña cherche à vendre le fruit de son travail dans les plus grands restaurants belges : c'est Eddy Merckx qui lui en ouvre les portes. L'amitié en cyclisme est toujours belle. Elle ne s'arrête surtout pas à la compétition.

CHAPITRE VI

Première désillusion...

En 1974, pour rompre avec la monotonie des années précédentes, je décide de courir les épreuves de début de saison. Bien m'en prend : je termine à la 4e place de Paris-Nice, dont le vainqueur n'est autre que Joop Zoetemelk, et remporte en Dordogne, à Belvès, un difficile Critérium National après une longue échappée solitaire.

Je file ensuite au Tour d'Espagne, animé du secret espoir de le gagner. Je veux absolument inscrire cette course à mon palmarès. Dès le deuxième jour, je suis en tête du classement général sur les pentes de l'Alhambra et troque mon maillot bleu blanc rouge contre le maillot *amarillo*. Le lendemain, à Fuengirola, lors du sprint final, je suis heurté coup sur coup par deux coureurs. Je tombe, finis l'étape à pied, mais reste leader. Je perds le maillot *amarillo* à Cordoue : les routes de l'étape sont mauvaises et la descente sur la ville est dans un tel état que je préfère ne pas prendre de risque, quitte à me faire déposséder de la 1ʳᵉ place du classement général. À Ciudad Real, terme d'une étape contre la montre, je perds deux minutes sur crevaison. L'ambiance n'est pas au beau fixe dans l'équipe. Presque tous les soirs depuis plusieurs jours, c'est la soupe à la grimace. Ce soir-là plus qu'aucun autre. D'abord parce qu'il est anormal de prendre deux minutes sur crevaison. Ensuite, certains coéquipiers me reprochent avec véhémence certains propos que j'ai tenus à leur égard après ma victoire de Belvès. Enfin, la pluie et le froid qui enveloppent la course ont pour effet de me paralyser. J'ai l'impression d'être au Grand Prix de l'Antarctique.

Lorsque la Vuelta arrive en montagne, au sommet du mont Naranco, je suis complètement en dehors du coup. Dès le premier col, celui de Pajares, je perds du terrain. Puis je tombe dans la descente. Je souffre des reins et ne supporte absolument pas le froid. Je suis complètement transi. J'ai mal partout, surtout au genou droit et au niveau des côtes. Bref, rien ne va. Il ne faut pas être grand clerc pour conclure que je ne vais pas tarder à quitter l'épreuve. Ce que je fais le soir même. Je n'ai qu'une seule envie : rentrer chez moi au plus vite. Quelques jours plus tard, mon

Première désillusion...

état de santé ne s'est toujours pas amélioré. Bien au contraire : je souffre maintenant d'un zona.

Je participe au Critérium du *Dauphiné libéré*, où je traîne mon ennui et ma mauvaise santé. Je termine à la 29e place, à près de vingt minutes du vainqueur Alain Santy. Je me demande alors si je dois participer au Tour de France. Depuis le début du zona qui m'affecte, je n'arrive pas à me reposer correctement. Je tarde à trouver le sommeil. Ma condition physique est en dents de scie. Un jour bien, deux jours mauvais. Je me rends tout de même à Brest pour le départ.

Je me rends tout de suite compte que je ne suis pas capable de contrôler la course. Je subis, c'est tout. Pas question de m'affirmer comme un prétendant à quelque chose. Les forces me manquent. La première étape des Alpes est pour moi dramatique. À Gaillard, Merckx l'emporte ; je suis à 9 minutes. Le lendemain, à Aix-les-Bains, ce n'est guère plus brillant : Merckx l'emporte encore, je suis à 8 minutes. La dernière étape alpine, entre Aix-les-Bains et Serre-Chevalier, est catastrophique. Dès que la route s'élève, j'ai l'impression de n'avoir plus de jambes. J'ai la sensation qu'elles sont là mais ne me servent à rien. L'ascension des cols de la Rochette et du Grand-Cucheron est pire qu'une longue suite de souffrances physiques. Sur ces routes où, il n'y a pas si longtemps, je fais chavirer de bonheur les spectateurs, je me traîne lamentablement. Un peu plus loin, à la sortie de Saint-Michel-de-Maurienne, j'avise un transformateur EDF. Je m'arrête dans la plage d'ombre qu'il offre. Le Tour est fini pour moi. Je suis vexé, pis même, humilié. Abandonner ainsi le Tour, à 33 kilomètres du sommet du Galibier, ce col sur lequel j'ai déversé tant de litres de sueur, mais qui m'a tant donné en échange, me révulse. Il n'est pas dans ma nature d'être contraint de quitter le Tour dans un tel lieu. Assis sur un bloc de béton, je cache mon visage dans ma casquette pour ne pas montrer ma détresse et reste longtemps prostré. Il est 15 heures. Nous sommes le mardi 9 juillet.

Très vite, je rentre chez moi. Je m'enferme, ne veux voir personne, réponds à peine au téléphone et durant quatre jours n'ose sortir de chez mon domicile de peur d'avoir à expliquer aux voisins et aux amis les raisons de cette défaillance que je cherche à oublier au plus vite. Petit à petit, les forces reviennent. Le moral aussi. Pour sauver ma saison, il ne me reste plus que les épreuves des mois d'automne. Je reprends l'entraînement. Richard Marillier, le sélectionneur national, me

Première désillusion...

fait à nouveau confiance pour les Championnats du monde de Montréal. En guise de préparation, il organise une course à Gap sur un parcours exigeant. Je gagne.

À Montréal, il est décidé que les coureurs français vont prendre la course à bras-le-corps. Dès le départ, Mariano Martinez impose un rythme rapide. Au 2e tour, Francis Campaner est seul en tête. Il n'est rejoint que par le Hollandais Vianen, au 11e tour. Un peu plus loin, au kilomètre 145, je sors du peloton et ouvre rapidement la route. Je porte mon avance à 2 minutes 30 secondes et la maintiens. Malgré la difficulté du parcours, je ne faiblis pas. 45 kilomètres plus loin, Merckx prend peur. Il rameute ses équipiers autour de lui. Toute la formation belge se lance à mes trousses. À deux tours de la fin, j'ai encore 2 minutes 20 secondes d'avance. À un tour de la fin, alors que retentit la cloche, j'ai encore 36 secondes d'avance. Je donne le meilleur de moi-même. Je déverse sur le vélo toutes les forces qui me restent. À six kilomètres de l'arrivée, la rude montée du Belvédère est de trop pour moi. Eddy Merckx, puis Raymond Poulidor, et enfin Mariano Martinez me rejoignent. Dans quelques instants, ils vont prendre place sur le podium. Je suis rejoint après 115 kilomètres d'échappée solitaire. Ma réaction est double : d'une part, je suis heureux, car les séquelles du zona ont complètement disparu, d'autre part, je me sens frustré : je me suis défoncé comme pas un. Jamais encore je ne suis allé si loin dans l'effort, et jamais je n'ai échoué si près du but.

Je profite de cette bonne condition physique pour remporter le Tour de Catalogne. Dans Tours-Versailles, je reste durant trente kilomètres seul en tête aux abords de l'arrivée, mais je suis rejoint. Puis je termine encore sixième et premier Français du Tour de Lombardie.

Dans le même temps, on annonce que le Tour 75 se terminera sur les Champs-Élysées, et non sur la piste municipale du bois de Vincennes. Du coup, le Tour qui est complètement sorti de mon esprit commence à me préoccuper. Je m'intéresse au futur parcours. On parle de 21 cols et de 4 arrivées en altitude. C'est un menu de choix pour qui veut se racheter.

Il me faut toutefois accepter le changement notable qui intervient dans l'encadrement de la formation Peugeot. Gaston Plaud, le directeur sportif de mes débuts, est remplacé par Maurice De Muer. J'ai tout l'hiver pour me faire à cette idée.

CHAPITRE VII

Vainqueur du Tour, enfin !

Maurice De Muer, un ancien coureur professionnel de 1941 à 1951, directeur sportif de la formation Pelforth (avec pour leader le Hollandais Jan Janssen), puis de la formation BIC (avec l'Espagnol Luis Ocaña), devient, au début de la saison 1975, le directeur sportif de Peugeot. Il remplace Gaston Plaud, qui occupait ce poste depuis 1957. Avec Maurice De Muer, si la structure de l'équipe ne change pas, la méthode, elle, n'est pas la même. Avec De Muer, c'est la culture de la victoire qui s'installe. Plaud connaît tout de la maison Peugeot, De Muer n'a d'intérêt que pour l'équipe professionnelle. À cette époque, la situation du cyclisme de haut niveau n'est pas des plus florissantes. Il y a 80 coureurs professionnels français, contre 99 l'année précédente. Il n'existe plus que quatre équipes nationales : Peugeot, Gan,

Gitane et Jobo. Elles rassemblent 70 coureurs. Les dix autres évoluent dans des équipes étrangères.

Mon programme, toujours axé sur le Tour de France, varie un peu. Il n'est prévu pour moi que 54 jours de course avant le départ du Tour. Ma première victoire est l'étape contre la montre du Tour de Corse, mais je ne termine qu'à la 33ᵉ place de Paris-Nice. Maurice De Muer, toujours à la recherche de la victoire, est impatient voire inquiet. Doté d'un tempérament calme et d'une bonne connaissance de moi-même, je sais que je vais retrouver ma condition physique. Une 2ᵉ place dans Liège-Bastogne-Liège derrière Eddy Merckx le confirme. Ce jour-là, j'ai l'impression de sortir d'un long tunnel. Je termine à la 3ᵉ place des Quatre Jours de Dunkerque, puis prends le départ du Critérium du *Dauphiné libéré*. La course se déroule d'Annecy au Pontet, à côté d'Avignon, avec une grande étape en Chartreuse et une autre avec le Galibier. Pratiquement tous les candidats à la victoire dans le Tour sont sur la ligne de départ. Je porte mon offensive dans le massif de la Chartreuse, dans lequel notre route franchit les cols de l'Épine, du Granier, de Cucheron et de Porte, et remporte l'étape de Grenoble avec 4 minutes 44 secondes d'avance sur Van Impe. Les autres sont à 5 minutes 30 et

◀ ▲ **L'enfance au Guidon.**
Enfant, je suis plutôt sage, aussi bien pour la photo qu'entouré de mes sœurs. Je n'ai pas encore l'âge d'aider mon père dans les champs, mais étant le seul garçon de la famille, je me sens investi d'une mission.

◀ **Une de mes premières courses...**
C'est à Chauffailles, non loin de chez moi. Je parais bien jeune, plus petit que mes compagnons. Et pourtant, c'est moi le vainqueur ! Le bouquet, comme bien d'autres, devait finir par orner la salle à manger familiale.

▼ **Le cahier de ma grand-mère Eugénie.**
Ce sont les premières lignes de mon palmarès, lignes écrites d'une belle écriture ronde, au crayon, et rédigées avec amour. Elle l'a tenu durant les premières années de ma toute jeune carrière. Même les incidents de courses y sont consignés.

◀ **Avec mon père, préparant le ravitaillement, avant le départ d'une course...**
L'un et l'autre avons laissé pour un moment la conduite de la ferme pour celle du vélo. Après s'être opposé pendant huit jours à mon entrée dans la carrière cycliste, il s'est ensuite laissé convaincre et est devenu l'un de mes plus ardents supporteurs.

▼ **Belleroche, 1965.**
Encore un nouveau succès devant Jean-Paul Therriaud, qui prend la pose, aussi heureux que s'il avait gagné. Les supporteurs sont peu nombreux, mais tous aussi heureux que moi, du plus jeune au plus ancien.

Première carte postale
Je m'affirme : je suis déjà champion de Bourgogne. Je dispute maintenant des courses à étapes. Dans quelques mois, ce sera le service militaire. Comme tous les futurs grands champions, j'ai eu le droit à la collection de cartes postales me représentant. C'est plus facile pour les autographes.

La fin de l'ascension du Galibier, dans le Dauphiné 1973.
Entre deux murs de neige, Luis Ocaña et moi progressons, après avoir dominé tous nos adversaires. Nous sommes insensibles à la brume et au froid. La neige qui fond transforme la route en un minuscule ru. Un faible soleil projette notre ombre sur le bitume humide.

Quelques heures plus tard, ma première victoire à Briançon, dans le Dauphiné…
À ma droite, la célèbre citadelle construite par Vauban, qui admire depuis bien des années les exploits des coureurs cyclistes de toutes les générations.
Une victoire à Briançon est une joie immense pour tout coureur ! Celle-ci me va droit au cœur, car c'est la première que j'obtiens dans cette ville en tant que professionnel.

Le col de la Croix-de-Fer.
Eddy Merckx, revêtu du maillot de champion du monde, tente d'écraser la course autant qu'il écrase son vélo. Surpuissant, volontaire, Eddy n'arrive cependant pas à me lâcher, tandis que derrière moi, Joop Zoetemelk est à la peine. Toute la volonté d'Eddy s'exprime sur cette photo. Mon allure naturelle masque ma souffrance à rester dans la roue du champion belge.

▲ **Dimanche 13 juillet 1975…**
L'étape de Pra-Loup ! Le sommet de ma carrière. Eddy Merckx, au milieu de la route, grimaçant. Sur sa droite, je le passe sans lui jeter un coup d'œil, en danseuse, pour avancer plus vite. Dans quelques minutes, je revêtirai le maillot jaune que porte actuellement Eddy. Le soleil est resplendissant. Je prends soin de placer mes roues à l'endroit où le goudron de la route n'a pas fondu, pour éviter tout incident. Dores et déjà, j'apparais comme le futur vainqueur du Tour.

Le lendemain, l'étape de Serre-Chevalier. ▶
Revêtu du maillot jaune, j'affronte seul les dernières pentes du mythique Izoard. Je me souviens, à ce moment-là, des paroles de Louison Bobet : « Les plus grands vainqueurs du Tour de France ont tous grimpé seuls l'Izoard et triomphé à Briançon. » C'est mon cas.

L'arrivée à Serre-Chevalier.
On dirait une arrivée de course de campagne, malgré la foule. Et pourtant, c'est bien le Tour de France, c'est bien la banlieue de Briançon !

L'étape contre la montre Fleurance-Auch.
L'un des meilleurs contre-la-montre de ma carrière. Regard fixé sur la route, bras le long du cadre, dos parallèle aux bras, ce jour-là, les observateurs ont noté que j'approchais la perfection dans ce domaine.

À l'attaque de l'Izoard...
À la sortie de Brunissard, sur un long faux plat si long qu'on a l'impression qu'il ne va jamais se terminer ! La foule est déjà dense sur les bas-côtés.

Mes parents prennent l'avion du *Dauphiné* pour me rejoindre à Paris.
Louis Richerot, derrière ma mère, et Marcel Patoulliard, au pied de la passerelle, font les honneurs de l'aéroplane à mes parents.

La remise du maillot jaune.
Pour la première fois dans l'histoire du Tour, un président de la République remet le maillot jaune au vainqueur. Valéry Giscard d'Estaing m'aide à enfiler la précieuse tunique qui est transparente car le protocole interdit au président d'offrir un vêtement floqué de publicités.

Les Champs-Élysées de Paray-le-Monial…
Accueil chaleureux et enthousiaste de mes compatriotes. Ils sont tous venus, banderolles à l'appui, en famille ou en clubs, pour me complimenter et me féliciter. Ils sont aussi heureux que moi !

Le Tour 1977.
Le Tour de France se termine. Récréation dans le peloton. Le maxillaire d'Eddy (au centre) est enflé : il souffre d'une fracture, mais termine quand même l'épreuve. Témoin de notre conversation : Walter Godefroot qui a beaucoup contribué à ma maturité cycliste.

La tribune Eurovision du Tour de France.
Les années ont passé... Je commente le Tour pour France Télévision, au côté de Christian Prudhomme, un passionné de cyclisme, un journaliste au grand cœur. J'ai réussi ma reconversion, après une décennie sur une bicyclette.

Alice, ma mère.
Enlevée à notre affection au moment où cet ouvrage allait être imprimé, elle se livre ici à l'une de ses occupations favorites : la fabrication de délicieux fromages de chèvre, qui ont fait la joie de toute la famille et de nos voisins. Elle prend la pose ici, devant la porte de la ferme.

Vainqueur du Tour, enfin !

plus. Les deux jours suivants – qui nous conduisent, le premier à Briançon par la Croix-de-Fer et le Galibier, le second au Pontet lors d'un contre-la-montre de 30 kilomètres –, je vis sur mon avance. Je gagne ce *Dauphiné* devant Moser, Zoetemelk, Poulidor et Van Impe. Merckx est un peu plus loin. Je quitte la course en ayant pleinement pris conscience de mes possibilités. Et je suis satisfait : après une longue offensive dans la Chartreuse, je n'ai jamais souffert, dans les deux jours suivants, pour annihiler les attaques adverses et jamais je n'ai été mis en difficulté.

Les courses s'enchaînent trop rapidement. Quarante-huit heures après le *Dauphiné*, je suis au départ du Grand Prix du *Midi libre*. Pas le temps de souffler, de faire le point et encore moins de me reposer. L'Italien Francesco Moser gagne ce *Midi libre*. Je termine à la 16e place. À Limoges, quelques jours plus tard, c'est le championnat de France. Je suis très actif lors de la première partie de la course, avant de préparer, avec toute l'équipe, la victoire de Régis Ovion. Chez Peugeot, tout le monde est content. Les victoires sont nombreuses.

Trois jours plus tard, je suis à Charleroi, en Belgique, pour le départ du Tour de France. J'ai hâte de retrouver le Tour. Mon abandon de l'an dernier m'a laissé beaucoup d'amertume, voire même de l'aigreur. Souvent, je pense à la façon dont je pourrais chasser de ma mémoire ce bien mauvais souvenir.

Le parcours du Tour me plaît. 4 000 kilomètres répartis sur 22 étapes de Charleroi à Paris. 21 cols de haute altitude à franchir, avec quatre arrivées en altitude (Saint-Lary-Soulan, Puy de Dôme, Pra-Loup et Avoriaz). Les bonifications sont supprimées. Nous sommes 140 sur la ligne de départ, qui représentons 14 équipes de 10 coureurs. Je suis le leader incontesté de la formation Peugeot. Tout les monde est d'accord, au sein de l'équipe, pour me porter assistance. Jean-Pierre Danguillaume est capitaine de route. L'équipe s'est soudée au cours du *Dauphiné*. Il n'y a pas le moindre grain de sable entre nous.

En allant au prologue, nous allons rouler sur les routes autour de Charleroi, des routes que nous connaissons bien pour les emprunter lors de diverses épreuves. Cela ne m'empêche pas de tomber lourdement. Ce n'est pas grave, mais je ressens tout de même une certaine gêne lorsqu'il s'agit d'appuyer sur les pédales. J'ai un gros hématome sur le devant de la jambe.

Un coup d'œil à la presse m'apprend que ce Tour est placé sous le signe du duel Merckx-

Vainqueur du Tour, enfin !

Ocaña, arbitré par Zoetemelk, Ocaña, Galdos, Gimondi et Van Impe. Je suis peu cité parmi les candidats à la victoire. Je m'en moque. Le calcul de Maurice De Muer est d'abord de ne pas perdre plus de trois minutes au classement général sur Eddy Merckx lorsque nous serons au pied des Pyrénées. Je porte le dossard 51. C'est un dossard porte-bonheur : Eddy Merckx et Luis Ocaña le portent lors de leur première victoire dans le Tour.

Le prologue de 6,250 kilomètres se dispute dans les rues de Charleroi. Le parcours est sinueux. Francesco Moser y devance de 2 secondes Eddy Merckx, fort marri de ne pouvoir endosser le maillot jaune devant son public. Je suis 11ᵉ à 24 secondes de Moser, et donc à 22 secondes de Merckx. Les conséquences de la chute sans doute…

Dès le lendemain, au cours de deux demi-étapes – Charleroi-Molenbeek, puis Molenbeek-Roubaix –, Merckx, avec l'aide de son équipe, place plusieurs banderilles. Le Belge me devance de 53 secondes à Molenbeek. Mais dans l'après-midi, je fais partie de l'échappée d'une partie des favoris, avec Gimondi et Merckx qui distance Zoetemelk, Ocaña, Galdos et Van Impe de 1 minute 22 secondes. L'Espagnol Fuente, si brillant les années précédentes, est éliminé. Le calme revient sur les routes qui nous conduisent à Amiens, Versailles et Le Mans où, sur le circuit Bugatti, Jacques Esclassan gagne l'étape.

Le sixième jour, c'est un contre-la-montre de 16 kilomètres en Vendée, de Saint-Hilaire-de-Riez à Saint-Jean-de-Monts. Le circuit est tracé à la fois le long du bord du mer et au sein des pinèdes. Eddy Merckx l'emporte : il a roulé à 49 kilomètres à l'heure de moyenne. Je suis 6e, à 52 secondes du Belge, malgré une crevaison, et devient 4e du classement général, à 2 minutes 7 secondes de Merckx, nouveau leader. La première partie de mon contrat est en passe d'être remplie.

La course descend à grande vitesse dans le sud de la France, pour une très longue journée dans le département du Gers, le neuvième jour de course, avec tout d'abord, le matin, Langon-Fleurance, longue de 131 kilomètres, puis, l'après-midi, Fleurance-Auch (38 kilomètres contre la montre). Eddy Merckx remporte cette étape. Je prends la deuxième place, à 9 secondes du Belge. À cette occasion j'accomplis une véritable performance. Crédité du troisième temps au kilomètre 8, je me hisse ensuite en deuxième position jusqu'à l'arrivée. Au cours de toute l'étape, jamais je ne fléchis. Sur le circuit vallonné qui nous est proposé, j'utilise un braquet de 46-55 à l'avant et une couronne de 13 à 17 à l'arrière, preuve de l'amplitude de mes forces. Le ciel est plombé, le vent défavorable, mais je me bats comme un fou,

Vainqueur du Tour, enfin !

rejoignant même le Belge Van Springel aux portes d'Auch. Plusieurs observateurs notent que, dans le contre-la-montre, j'approche désormais la perfection. Ce compliment me va droit au cœur. Je suis maintenant 3ᵉ du classement général à 2 minutes 20 secondes de Merckx, et nous sommes au pied des Pyrénées. Le plan initial de Maurice De Muer est respecté.

La première étape de ce massif nous conduit d'Auch à Pau, avec la seule ascension du col du Soulor. Guy Sibille, mon coéquipier, se dévoue pour régler l'allure dans le col. C'est l'Italien Felice Gimondi qui gagne à Pau. Le classement général est inchangé.

Le lendemain, c'est Pau-Saint-Lary-Soulan. 160 kilomètres. Nous montons ensemble le Tourmalet. Même scénario dans Aspin. Mais voici maintenant la rude montée vers le Plat d'Adet, sur les hauteurs de Saint-Lary, à 1 680 mètres d'altitude. C'est une ascension sans pitié, de 12 kilomètres. À neuf kilomètres du sommet, je me projette, seul, en tête de la course. Un kilomètre plus loin, Zoetemelk se joint à moi. À six kilomètres de l'arrivée, Merckx est avec nous. J'attaque aussitôt. Merckx et Zoetemelk me rattrapent. Je ré-attaque pour les faire encore plus souffrir. Ils me rejoignent. J'attaque à nouveau. Seul Zoetemelk m'accompagne. Merckx est lâché. Maintenant, il ne faut plus tergiverser. Je dois reprendre le maximum de temps à Merckx. J'écrase littéralement les pédales. À 400 mètres de la ligne, je crève. Une roue à plat, je franchis la ligne d'arrivée derrière Zoetemelk, vainqueur de l'étape. Eddy Merckx termine à la 3e place, à 49 secondes. Je suis maintenant 2e du classement général à 1 minute 31 secondes du Belge. Je sais que dorénavant je dois recommencer à attaquer le plus rapidement possible, car je me sens plein de forces et surtout beaucoup plus fort que lors de ma victoire dans le *Dauphiné*. Magnanime, Eddy Merckx admet sa défaite. Il confie même à la presse qui l'interroge que je suis le plus fort et que je dispose de l'équipe la plus efficace.

Le beau temps est revenu sur le Tour, mais les difficultés n'en sont pas atténuées pour autant. Plus de sept heures de selle nous attendent le lendemain pour une longue étape de transition de 242 kilomètres entre Tarbes et Albi. Tout le monde reste tranquille et, autant que possible, récupère.

On enchaîne avec une étape encore plus longue : près de neuf heures, avec un départ d'Albi à 8 h 35 du matin, ce qui nous contraint

Vainqueur du Tour, enfin !

à nous lever à 5 heures, pour rejoindre Super-Lioran. Luis Ocaña, souffrant du genou, ne se présente pas au départ et Raymond Poulidor tente de guérir d'une vilaine bronchite. Nous traversons l'Aubrac et le Cantal. Sur ces routes qui donnent l'impression de toujours monter et de ne jamais descendre, Eddy Merckx, en grand champion qui n'accepte jamais la défaite, ne s'avoue pas battu. Il veut refaire le terrain perdu la veille. Avec son équipe, il profite de toutes les occasions pour nous épuiser physiquement. Avec ma formation, je maintiens le contact avec lui. Le peloton s'éparpille sur la route, mais je reste à ses côtés. Je souffre, certes. Les autres aussi. Rester dans la roue de Merckx lorsqu'il est décidé à faire plier ses rivaux demande beaucoup de volonté et beaucoup de courage. J'ai ce courage-là.

Le Tour continue, toujours aussi dur. À peine arrivé à l'hôtel Le Remberter, je pense déjà à l'étape du lendemain qui se termine au sommet du Puy de Dôme. Cette longue montée de 11 kilomètres, je la connais bien. À la barrière de péage – le Puy de Dôme est une propriété privée –, à 6 kilomètres du sommet, je constate qu'Eddy Merckx est à l'ouvrage. 300 mètres plus loin, je rassemble mes forces et, sans me retourner, porte un très violent démarrage. Je poursuis mon effort, toujours sans me retourner.

Je donne tout ce que j'ai dans le ventre. Je ne pense qu'à une chose : regarder fixement la route pour savoir où je place mes roues. Van Impe, grimpeur d'exception, gagne l'étape. Je suis 2e, à 15 secondes. Merckx est 3e. Je lui reprends 34 secondes. Au classement général, je suis toujours 2e, mais à 58 secondes du Belge. L'étau se resserre. Mon optimisme va croissant, d'autant que le beau temps se maintient.

Ce Tour de France nous transforme décidément en grands voyageurs. À peine l'étape terminée, nous voici à l'aéroport de Clermont-Ferrand pour voler en direction de Nice où nous attend notre unique journée de repos. Dans l'avion, j'apprends qu'aux abords de l'arrivée, Eddy Merckx a reçu un violent coup au foie, décoché par un spectateur. J'en suis étonné car de tels gestes n'existent pas en cyclisme. Aussitôt, je m'enquiers de la santé d'Eddy, qui me confirme que tout va bien. Merckx dépose néanmoins une plainte contre le « boxeur », dont l'avocat commis d'office répond au nom de Daniel... Thévenet – mais il n'est qu'un homonyme. À Nice, toutes les équipes sont logées à l'hôtel Plazza, sur la promenade des Anglais. Pas de bain de soleil pour nous, encore moins de bain de mer. Nous nous reposons beaucoup et allons

Vainqueur du Tour, enfin !

rouler en toute décontraction dans l'arrière-pays. Le soleil est toujours aussi généreux.

Arrive le dimanche 13 juillet. Il est 8 h 30 du matin. Les 107 coureurs encore en course prennent place sur la ligne de départ, sur l'esplanade du palais des Expositions pour, après un défilé en ville de dix kilomètres, dirigent leurs roues vers Pra-Loup, dans les Alpes-de-Haute-Provence. Une étape de 218 kilomètres.

L'ascension du col Saint-Martin ne me pose aucun problème. Celle de la Couillole non plus. Peu après le ravitaillement de Valberg, le col des Champs se dresse devant nous. C'est une longue montée de trente kilomètres qui culmine à 2 190 mètres d'altitude et que jamais encore le Tour n'a empruntée. Dès le pied du col, je porte avec mon équipier Raymond Delisle une première attaque. Eddy Merckx réplique avec rapidité et contre aussitôt. Je reviens à sa hauteur. Au total, j'attaque Merckx à six reprises dans cette montée. Six fois sans succès. Je ne me décourage pas. Il reste encore deux cols avant d'atteindre l'arrivée : Allos et la montée de Pra-Loup. Au sommet du col des Champs, Merckx est le premier sous la banderole et plonge dans la descente. Peu après le sommet, je crève. Me voici distancé. Heureusement, une fois le changement de roue effectué, Raymond Delisle est là pour me porter assistance. Bien calé dans son sillage, je tente de rejoindre Merckx, dont nous savons qu'il descend avec autant d'audace et de vélocité que de bravoure. À Callmars, au bas de la descente, Merckx nous devance de 39 secondes. Quelques kilomètres plus loin, au pied du col d'Allos, c'est le regroupement général en tête de la course. Nous commençons à grimper le col en nous épiant les uns les autres. Merckx assure durant toute la montée un train si élevé que toute tentative d'offensive est impossible. À un kilomètre du sommet, il attaque avec force. Au sommet, il me devance de 8 secondes et fonce à corps perdu dans la descente. Cette descente est l'une des plus dangereuses de France. La route, grêlée sur une grande partie de trous et de rigoles, est abominable. La canicule fait fondre le goudron qui stagne par flaques imposantes dans les endroits ensoleillés, décuplant les risques de chute. Les virages sont brusques, sans grande visibilité. Des blocs de pierre empiètent sur les bas-côtés, quelquefois même sur la route. Merckx n'en a cure. Je le devine filant tel l'éclair, frôlant, à chaque virage, soit le ravin, soit la roche. Une odeur de drame flotte sur la course. Les voitures qui le suivent ont peine à prendre son sillage. L'une d'elles, celle de Giancarlo Feretti, le directeur sportif de Felice Gimondi, rate un virage, plonge dans le ravin et s'écrase une centaine de mètres plus bas. Heureusement les passagers sont éjectés et leurs blessures ne sont pas alarmantes. Moi, j'ai besoin de souffler un peu. La montée du col des Champs m'a fait mal, surtout l'attaque de Merckx dans le dernier kilomètre. Je ne suis pas aussi habile qu'Eddy dans les descentes, et, même sans musarder en cours de route, je perds du terrain.

À dix kilomètres de l'arrivée, Merckx est seul en tête avec 18 secondes d'avance sur Gimondi. En compagnie de Zoetemelk et de Van Impe, j'accuse un retard de 1 minute 10. Mes forces sont revenues. Encore une ascension, et c'est fini. Dès les premières pentes de la montée sur Pra-Loup, je commence par lâcher Zoetemelk, puis Van Impe. Je poursuis mon effort avec application. J'entends derrière moi les vibrants coups de klaxon de la voiture que conduit Maurice De Muer. J'entends aussi les encouragements de Jean-Claude Vincent, le mécano. Une fois de plus, je donne le meilleur de moi-même.

À trois kilomètres du sommet, j'aperçois devant moi Eddy Merckx, avec son beau maillot jaune. Grande est ma surprise. Elle l'est moins lorsque je constate son coup de pédale heurté, sa difficulté à tourner les jambes autour de son pédalier. J'ai l'impression qu'il a du mal à avancer. De Muer me crie « Vas-y Bernard. C'est le moment ! » Je sprinte comme un fou. Je double le Belge sur le côté droit de la route, là où je me suis rendu compte que le goudron n'a pas fondu. Je passe Merckx sans lui adresser le moindre regard. Je ne veux rien savoir de son état physique. Je veux le distancer et gagner l'étape. Une fois Merckx doublé, je tombe sur Gimondi. Je le passe, lui aussi, à 1 500 mètres de l'arrivée, et file vers la ligne le plus vite possible. Chaque seconde compte.

À Pra-Loup, j'apprends que je devance Gimondi de 23 secondes. Merckx est 5e, à 1 minute 56. Je suis maillot jaune. C'est le premier de ma carrière. Au classement général, Merckx est maintenant 2e à 58 secondes. Le Belge, à mes côtés au pied du podium, me félicite et déclare : « J'ai tout tenté. J'ai tout perdu. Je crois que je ne vais pas gagner ce Tour. » Quant à moi, je savoure ma joie avec mes équipiers, à l'hôtel Le Prieuré dont tout Pra-Loup fait le siège. On veut me voir, me féliciter. Je suis celui qui vient de faire plier Merckx, champion incontesté et incontestable depuis près d'une décennie, après avoir renversé une situation très compromise. Des images me reviennent encore en mémoire. Mes six attaques dans le col des Champs, la violente offensive de Merckx dans le dernier kilomètre d'Allos, la

Vainqueur du Tour, enfin !

descente périlleuse de ce col et cette montée vers Pra-Loup, le moment où je double Merckx, un moment si délicieux pour moi, si atroce pour lui. Et puis ce maillot jaune que je convoite depuis si longtemps... Louison Bobet, qui a suivi toute l'étape en voiture, vient me voir à l'hôtel. Il se dit admiratif de ma performance et m'explique qu'un probable vainqueur du Tour doit faire comme ses illustres prédécesseurs, c'est-à-dire gagner à Briançon, après avoir escaladé seul l'Izoard. J'écoute ses paroles, bien décidé à les mettre en application dès le lendemain, au cours de l'étape Barcelonnette-Serre-Chevalier.

Lors de cette étape, Eddy Merckx met à profit la descente du col de Vars pour me distancer. Toute l'équipe Peugeot est autour de moi et, dans la vallée du Guil écrasée de chaleur, nous rejoignons le Belge qui ouvre la route en compagnie de Zoetemelk et de Mariano Martinez. Au pied de l'Izoard, dans la longue ligne droite d'Arvieux, avant le village de Brunissard, je me porte en tête de la course et commence à gravir l'Izoard. Je rejoins un à un les échappés de la matinée, je les double facilement. À 5 kilomètres du sommet, Zoetemelk lâche prise. Me voici seul. Je pense à Louison Bobet qui me suit toujours en voiture, à Gino Bartali, à Fausto Coppi et à Eddy Merckx, eux aussi seuls dans ce col mythique, construisant leur future victoire dans le Tour. La traversée de la Casse Déserte, qui fait penser à un paysage lunaire avec ses roches abîmées par le vent d'hiver, me donne un peu de fraîcheur. La foule est considérable. Elle hurle sa joie. C'est la première fois que je ressens une telle communion avec le public, mon public. J'en ai la chair de poule. Cette foule me porte littéralement vers le sommet. De temps à autre, bien longtemps après, ses cris résonnent encore dans mes oreilles. À Serre-Chevalier, je devance Eddy Merckx, 2e de l'étape de 2 minutes 33 secondes. Au classement général, je possède maintenant 3 minutes 20 d'avance sur lui. Très sport, Eddy déclare aux journalistes : « Bernard Thévenet est beaucoup trop fort pour moi. Il faut savoir regarder la vérité en face. Il fallait bien que je sois battu un jour. Cette année, je tombe sur un Thévenet transcendant. »

Le Tour n'est pas terminé. Il faut encore aller à Morzine, avec une arrivée à Avoriaz à 1 800 mètres d'altitude. Le départ est à Valloire, de l'autre côté du Galibier, au pied du col du Télégraphe. En quittant Valloire, Merckx s'accroche avec l'Italien Caversazi ; il se relève, la pommette gauche tuméfiée, la hanche et le genou en mauvais état. Mais il poursuit sa route. Tout le peloton compatit, surtout lorsque l'on apprend, le soir, qu'il souffre d'une fracture du maxillaire et qu'il refuse d'abandonner malgré les injonctions du corps médical. Par ce geste, il rehausse ma future victoire. Au cours de cette étape, les efforts que j'ai fournis au cours des jours précédents se font sentir : je ne suis pas au mieux. Il en est de même pour l'ensemble du peloton. Mes équipiers, fort heureusement, ont encore assez de forces pour me soutenir. Je leur rends hommage aujourd'hui car, sans eux, je ne sais pas si j'aurais pu gagner ce Tour.

Le lendemain, c'est Morzine-Châtel, un contre-la-montre de 40 kilomètres comportant l'ascension du col du Corbier. Avant le départ, je m'échauffe derrière la voiture de Maurice De Muer. Surpris par la manœuvre d'un automobiliste venant en sens inverse, Maurice freine brusquement. Je heurte sa voiture et fais un vol plané au-dessus de celle-ci pour me retrouver sur le bitume, avec une splendide bosse sur le crâne et une plaie béante au coude. Bien soigné, je termine à la 4ᵉ place de cette étape, remportée par Lucien Van Impe ; mais je suis surtout heureux de m'en tirer à si bon compte.

Le Tour se termine. Encore sept heures de selle pour rejoindre Chalon-sur-Saône, puis près de huit heures pour atteindre Melun et encore six heures et demie pour rallier Senlis.

Enfin, voici Paris ! Voici les Champs-Élysées. C'est la première fois que le Tour se termine sur cette avenue de légende. Nous, les coureurs, attendons tous ce moment depuis bien longtemps. Nous sommes tous excités. On nous propose un circuit de 6 kilomètres à couvrir 27 fois. Un circuit devenu classique, avec départ sur les Champs-Élysées, demi-tour devant l'Arc de triomphe, descente des Champs jusqu'à la place de la Concorde, puis les Tuileries et retour par la rue de Rivoli, pour rejoindre la Concorde et les Champs-Élysées.

Le matin de cette ultime étape, je me prépare dans ma chambre de l'hôtel Sofitel-Sèvres, la chambre 640, lorsqu'on frappe à la porte. J'ouvre. Quelle n'est pas ma surprise de me trouver face à face avec mes parents, Henri et Alice. À l'initiative de Louis Richerot, P-DG du journal *Le Dauphiné Libéré*, de Georges Cazeneuve, organisateur du *Dauphiné*, et de Marcel Patouillard, directeur adjoint du service promotion du quotidien, ils ont pris place ce matin à bord de l'avion privé du journal pour me rejoindre... à la condition expresse d'être de retour à la ferme à 19 heures car, leur a dit mon père, « la traite des

Vainqueur du Tour, enfin !

vaches n'attend pas ! » La surprise est totale : je ne suis au courant de rien. Mes parents sont fous de joie. Moi aussi. Nous nous quittons rapidement pour que je prenne le départ de cette dernière étape.

Sur les Champs-Élysées, tous les coureurs sont impressionnés. La foule est considérable. La gendarmerie annonce pas moins d'un million de spectateurs. C'est notre récompense à nous qui, pendant trois semaines, n'avons pas ménagé nos efforts. Le Belge Walter Godefroot remporte cette étape à l'issue d'un sprint massif.

En ce dimanche 20 juillet, à 16 h 35 minutes et 29 secondes, je franchis la ligne d'arrivée. Je suis le vainqueur du Tour. Je lève les bras bien haut dans le ciel. Aussitôt, je ne m'appartiens plus. On me propulse vers la tribune d'honneur. Valéry Giscard d'Estaing, président de la République, s'entretient avec moi, puis me remet un nouveau maillot jaune. À ses côtés se tiennent deux ministres : Pierre Mazeaud, ministre des Sports, et André Jarrot, ministre de l'Environnement et élu de mon département. J'entrevois à peine mes parents qui se trouvent eux aussi dans la tribune d'honneur, aux côtés de Louis Richerot. J'écoute *La Marseillaise* au garde-à-vous, comme on me l'a appris au bataillon de Joinville. Vite fait, bien fait, j'embrasse mes parents qui retournent à la ferme traire les vaches. Et me voici à l'Élysée où le président nous attend dans le salon d'honneur. Que de faste pour une victoire dans le Tour de France !

Tout va vite. Beaucoup trop vite. J'ai à peine le temps de fêter la victoire avec l'ensemble de l'équipe Peugeot que je suis déjà à Caen pour le premier critérium. Le lendemain, je suis en Belgique pour une nocturne, avant de me produire au Creusot, en nocturne également.

Je m'arrête tout de même chez moi, à Paray-le-Monial, le mercredi après-midi, pour une petite réception amicale qui se révèle en fait grandiose. On me fait parcourir la ville dans une voiture décapotable. Toute la région est présente. Je suis le héros. Une sensation agréable ! Toute la région a participé à mes efforts durant trois semaines. Les élus sont présents. Chacun prononce un petit discours. Mon institutrice, Anne-Marie Pechabadens, confie que j'étais un bon élève, très éveillé, mais plus passionné de cyclisme que d'études. L'abbé Pierre Pallot évoque l'excellent garçon que je fus lors du catéchisme. Chacun évoque les souvenirs qu'il a gardés de moi...

C'est ce jour-là que je prends connaissance de l'éditorial de Jacques Goddet dans *L'Équipe* : « Bernard Thévenet, écrit-il, se sera donc imposé par sa seule vraie valeur, faite de sa belle santé, de sa dureté de travailleur fermier, de sa constance paysanne, laquelle n'admet pas le repos et encore moins le répit. » Je suis bien d'accord avec ses propos. Mon entourage aussi.

CHAPITRE VIII

Les rideaux de Tulle

Disons-le tout net, cette saison 1976 n'est pas la meilleure de ma carrière. Pourtant, je passe un hiver bien sérieux. Comme d'habitude, je ne force pas lorsque commencent les rassemblements cyclistes, d'autant plus que depuis les Six Jours d'Anvers je traîne une grippe qui ne veut pas guérir, se transforme en bronchite et me contraint à l'abandon au cours d'un Paris-Nice aussi glacial que pluvieux. Je suis inquiet. Les analyses sanguines ne révèlent rien d'anormal, mais je me sens privé de forces. Le mauvais temps se poursuit. Je quitte le Tour des Flandres et Paris-Roubaix avant leur terme. Je sais bien que, mis à part l'année 1974, je n'ai jamais été en forme en début de saison, mais l'impatience de Maurice De Muer grandit. Celle des journalistes aussi. Heureusement, je termine Liège-Bastogne-Liège dans le peloton des meilleurs. C'est bon signe : le coup de pédale revient ! Un peu plus tard, aux Quatre Jours de Dunkerque, j'obtiens enfin mon premier succès avec l'étape Dunkerque-Poperinge.

Le Critérium du *Dauphiné libéré* arrive donc à point nommé pour rassurer tout le monde. Au départ de Grenoble, tous les candidats à la victoire finale dans le Tour sont présents, sauf Eddy Merckx qui dispute le Tour d'Italie. Sans fausse modestie, je peux dire que je fais une prestation remarquable au cours des étapes Annemasse-Chambéry et Chambéry-Romans, qui, toutes deux, représentent un parcours montagneux : je les remporte l'une et l'autre. À Montélimar, je suis le vainqueur final de l'épreuve. Très confiant en moi-même, je me sens dans les mêmes dispositions que dans le Tour de l'an dernier. Cette année, je vais le disputer pour vaincre. Toute l'équipe Peugeot est prête à se mobiliser pour moi.

Mais au Grand Prix du *Midi libre*, dès la première étape, une chute dans les lacets du col de Montmirat me force à l'abandon. Le temps d'un voyage éclair, je me rends à Paris pour me placer entre les mains du kinésithérapeute René Quequiner. Au même moment, blessé à la selle, Eddy Merckx renonce au Tour de France. Cette absence me soucie plus que mon état physique.

Les rideaux de Tulle

Que sera la course sans Eddy ? Dans le *Dauphiné*, j'ai pu contenir tous mes adversaires, mais l'épreuve ne dure qu'une semaine, alors que le Tour s'étale sur trois semaines.

Le départ du Tour a lieu en Vendée, à Saint-Jean-de-Monts. D'entrée de jeu, Jacques Goddet écrit que je suis le responsable du déroulement sportif de l'épreuve. En cet été 1976, la canicule s'abat sur toute l'Europe. Souvent nous longeons des champs grillés par le soleil, des ruisseaux privés d'eau, des mares complètement asséchées et des rivières au niveau très bas. Le Belge Freddy Maertens commence fort en remportant le prologue. Je termine à la 3e place, à 20 secondes de lui. La première étape vers Angers se déroule sans encombre. Néanmoins, il ne m'échappe pas que le peloton est nerveux. 13 équipes prennent le départ et nombreuses sont celles qui voudraient s'arroger la place laissée vacante par la formation d'Eddy Merckx. Le lendemain, sur la route de Caen, un moment de nervosité et une plaque de gasoil suffisent à me projeter à terre. Je me relève, fortement contusionné. Malheureusement, la chute, qui survient toujours au mauvais moment, fait partie de la course cycliste. Nous sommes à la veille d'un important contre la montre de 37 kilomètres au Touquet. Maertens réalise une grande performance. Il devance le 2ᵉ, son compatriote Michel Pollentier, de 1 minute 37 secondes. Le 3ᵉ, le Hollandais Schuiten, un spécialiste, est à 2 minutes 1 seconde. Je suis 22ᵉ, à 3 minutes 32. Ce n'est pas la gloire ! Mais malgré ce coup du sort, je reste calme lorsque je constate que ni Zoetemelk ni Van Impe ne font mieux que moi.

Le Tour se poursuit avec des étapes en Belgique, sans que rien ne vienne modifier le classement général. De retour en France en passant par Nancy et Mulhouse, après l'ascension du Grand Ballon, nous voici bientôt à Divonne-les-Bains, au pied des Alpes. Mon seul souci est la petite minute que possède Van Impe sur moi au classement général. Pour le reste, je suis plutôt confiant dans mes possibilités. Au terme d'une longue étape de 258 kilomètres qui nous conduit à la station de l'Alpe-d'Huez, il me faut déchanter. Zoetemelk gagne l'étape devant Van Impe. Je perds 1 minute 50 et suis classé 8ᵉ.

Jamais, au cours de l'ascension, je ne trouve le bon rythme. Van Impe est maillot jaune. Sur la ligne d'arrivée, je ne me répands pas en déclarations et file tout de suite à l'hôtel Christina pour réfléchir et surtout me reposer. Car le lendemain est prévue l'étape Bourg-d'Oisans-Montgenèvre, par les cols du Glandon, du Télégraphe et du Galibier, avant une arrivée à 1 854 mètres d'altitude. Malgré une chute, je termine à la 2ᵉ place de

Les rideaux de Tulle

cette étape, juste derrière Zoetemelk, et dans le même temps que Van Impe et l'Espagnol Galdos. Tout au long de l'étape, nous n'avons pu nous départager. Van Impe est toujours maillot jaune devant Zoetemelk, à 7 secondes. Raymond Poulidor est 3e à 1 minute 36. Je suis 4e à 1 minute 48. La situation, pour moi, est loin d'être catastrophique.

Après une étape de transition Montgenèvre-Manosque, nous voici déjà dans les Pyrénées Orientales, où l'arrivée à lieu à Pyrénées 2000. Raymond Delisle l'emporte et endosse le maillot jaune. Toute l'équipe Peugeot jubile. Cela me permet de cacher une petite déception. En effet, au cours de cette étape, je perds 25 secondes sur Poulidor, Van Impe et Zoetemelk. 25 secondes, ce n'est pas beaucoup... Mais pour moi, c'est beaucoup trop ! Surtout à 48 heures de l'arrivée à Saint-Lary-Soulan. Cette journée-là, rien ne va. J'ai un coup de pédale saccadé. Mes forces si resplendissantes m'ont abandonné. Chaque ascension – Menté, Portillon, Peyresourde et Plat d'Adet – est un calvaire. Je passe mon temps à tenter de combler sur le plat le retard pris dans les montées. C'est Van Impe qui gagne l'étape. Je termine péniblement 24e, à près d'un quart d'heure de Van Impe, nouveau maillot jaune. Je passe une très mauvaise nuit. Toujours, je ressasse la même question : « Que m'arrive-t-il ? », sans pouvoir trouver de réponse. Je poursuis ma route. L'étape contre la montre Fleurance-Auch me fait perdre encore plus de temps au classement général.

Quarante-huit heures plus tard, sur la route de Tulle, je quitte le Tour, dans une côte, à la sortie de Souillac. Je n'ai plus le moindre soupçon de forces. Certains évoquent à mon propos un cas d'hépatite. Cela me laisse presque sans voix. Ma tristesse est grande. Lorsque je repense à cet événement, je préfère relire l'article qu'écrit, le soir-même, Antoine Blondin, dans la salle de presse installée à la Maison des sports de Tulle. Son papier, intitulé « Les rideaux de Tulle », décrit avec justesse comment une grande partie des journalistes ont perçu cet abandon.
« Dans la cité corrézienne, le rideau vient de tomber sur l'un de ces drames dont le Tour de France est fertile à tous les niveaux de la course. Celui-là se situe au plus haut, au plus dense. Il semblait s'inscrire dans une fatalité qui avait montré son nez à Saint-Jean-de-Monts, s'était affirmée au Touquet, s'était confirmée dans les Pyrénées. On attendait le dénouement, sans cesse différé par l'obstination héroïque du personnage principal, Bernard Thévenet, précédent vainqueur de l'épreuve, et par le judicieux machiavé-

lisme psychologique de son metteur en scène, Maurice De Muer.

« Comme a dit l'écrivain local : "Tulle est une ville prenante. Elle a de quoi attirer et retenir." Pour nous, elle aura donc retenu (provisoirement) Thévenet. Sur le tas, comme dans les chaumières. On peut mesurer l'étendue de la désespérance qui doit peupler sa chambre hospitalière, cependant que le soleil estampille d'un sceau doré le manège qui va continuer de tourner sans lui. Il y a un an, il s'apprêtait à recevoir la consécration suprême d'un peuple et de son président, portés sur les Champs-Élysées. Aujourd'hui, il peut se croire au fond du gouffre.

« Mais qu'il ait le courage de remonter plus avant que les Champs-Élysées. Il y a deux ans, il nous quittait de la même façon, sur le bord de la route, au pied d'un transformateur électrique, dans une vallée alpine. Voyez comme ce transformateur le transforma, en douze mois. Alors pourquoi ne pas imaginer que, dans le même laps de temps, l'hépatite virale, dont on le présume atteint, l'aura fait pareillement virer, dans un sens que l'unanimité sportive espère bénéfique. »

Le Tour de France se termine donc sans moi. Van Impe l'emporte devant Joop Zoetemelk et Raymond Poulidor obtient la 3ᵉ place avec seulement 9 secondes d'avance sur Raymond Delisle.

Thévenet

Je tente de redorer mon blason en fin de saison en terminant à la 2ᵉ place d'un difficile Tour de Lombardie remporté par le Belge Roger De Vlaeminck mais je n'ai surtout qu'un seul souci : me reposer et me soigner.

CHAPITRE IX

Une seconde victoire dans le Tour...

Mon hiver 1976-1977 est plus studieux encore que les autres. Maurice De Muer veut que je sois compétitif dès le début de la saison, afin d'oublier définitivement l'échec du Tour 76. Fin février, dans le Grand Prix d'Antibes, je frôle la victoire à cause d'une malencontreuse crevaison, à 8 kilomètres de l'arrivée. Quelques jours plus tard, je m'impose dans Draguignan-Seillans, une semi-classique exigeante dans la région du haut Var. C'est une victoire symbolique : elle me permet de reprendre de l'autorité auprès de mes équipiers. Nous fêtons tous ensemble ce succès chez André Clariond, à l'hôtel de France de Seillans où, depuis la venue de Maurice De Muer chez Peugeot, nous avons l'habitude de prendre nos quartiers d'hiver. Pour conforter notre position de leader des équipes françaises, Régis

Ovion gagne le Tour de Corse dont je m'adjuge l'étape contre la montre. Jamais, au cours de ma carrière, je n'ai connu un aussi bon début de saison. Paris-Nice s'annonce donc sous les meilleurs auspices.

Paris-Nice, cette année-là, est fatigant. Le parcours n'est pas très montagneux, mais pour huit jours de course, il y a un prologue et onze étapes. On a l'impression d'aller de demi-étape en demi-étape. J'attaque dans la traversée du Vercors, termine 2e de la course de côte d'Ampus et 4e du dernier contre-la-montre disputé sur la promenade des Anglais. Au classement général final, je suis 3e derrière le Belge Freddy Maertens et le Hollandais Geerie Knetemann.

Ce résultat me rend optimiste pour l'avenir, jusqu'à ce qu'une lettre de la Fédération française de cyclisme m'avertisse de ma suspension d'un mois avec sursis pour avoir utilisé, au cours de Paris-Nice, un produit qui, s'il était encore licite en 1976, ne l'était plus en 1977. Le ciel me tombe sur la tête. À cette époque, la lutte antidopage en est à ses balbutiements. Nous sommes mal informés. J'ai l'impression d'être le dindon de l'affaire. D'ailleurs, le docteur Pierre Dumas, apôtre de la lutte anti-dopage et initiateur de la première loi en la matière, prend ma défense, me

Une seconde victoire dans le Tour

jugeant victime du système. Mais la question, j'allais m'en rendre compte par la suite, n'est pas close.

La saison se poursuit. Le temps est franchement mauvais. Il fait froid. Il pleut beaucoup trop souvent à mon goût. J'abandonne au Tour des Flandres, à la Flèche Wallonne, à Paris-Roubaix. Je n'ai qu'une hâte : rentrer chez moi, m'entraîner et ne plus penser qu'au vélo.

Je reviens en course pour le Critérium du *Dauphiné libéré*. J'ai une furieuse envie de le gagner une troisième fois. Cependant je n'oublie pas que, sur la ligne de départ, se trouve un jeune dont on dit grand bien et qui a pour nom… Bernard Hinault. À Avignon, je termine 2e du prologue derrière Jean-Luc Van Den Broucke, mais devant Eddy Merckx et Bernard Hinault. À Saint-Étienne, le lendemain, Hinault bat Merckx au sprint à l'arrivée de l'étape et devient 1er du classement général. Le samedi 4 juin, c'est la première grande étape de montagne. Dans le col du Coq, je lâche Hinault mais celui-ci revient à ma hauteur avant de produire son effort dans le col de Porte et de remporter l'étape de Grenoble malgré une chute et une petite marche dans la montée de la Bastille au sommet de laquelle est jugée l'arrivée. Le lendemain, c'est Grenoble-

Annecy, par les Aravis et la Forclaz. Je suis 2e de l'étape derrière Van Impe. Hinault est à 1 minute 44 secondes. Il est toujours leader du classement général avec seulement 17 secondes d'avance sur moi. Tout va donc se jouer le lundi 7 juin, dans le contre-la-montre de 36 kilomètres de Thonon-les-Bains. Je l'emporte avec 8 secondes d'avance sur Hinault, qui sort vainqueur de l'épreuve. Je termine seulement 2e, à 9 secondes. Je suis furieux. Échouer pour si peu me met en colère. Mais je relativise tout de même, car la confiance est désormais revenue. L'équipe Peugeot est totalement soudée autour de moi. J'attends maintenant le départ du Tour avec impatience.

Le Tour, nous y voici ! Son parcours, en cette année 1977, est curieux : il prend son envol à Fleurance, dans le Gers, et, deux jours plus tard, franchit le massif pyrénéen. Nous ne sommes que cent sur la ligne de départ, répartis en dix équipes de dix coureurs. Je ne suis pas favori. On parle beaucoup du Hollandais Hennie Kuiper et de l'Allemand Dietrich Thurau. Eddy Merckx est présent. C'est son dernier Tour. Très revanchard, je suis animé d'une furieuse envie de gagner. Le prologue de Fleurance ne me donne pas le résultat escompté. Je ne suis que 18e, à

Une seconde victoire dans le Tour

19 secondes du vainqueur, Thurau. Dès le deuxième jour de course avec l'étape Auch-Pau par les cols d'Aspin, du Tourmalet et de l'Aubisque le ménage est fait.

À Pau, Thurau s'impose. Nous sommes 14 classés dans le même temps, dont Merckx, Van Impe, Kuiper, Zoetemelk et moi, ainsi que mon équipier Michel Laurent. Les autres concurrents sont repoussés à plus de sept minutes et parmi eux Luis Ocaña qui accomplit lui aussi son dernier Tour de France. Après une escapade en Espagne, à Vitoria, le tour fait halte à Bordeaux pour un contre-la-montre de 30 kilomètres sur le circuit du Lac. Thurau, décidément supérieur à nous tous en ce début de Tour, est le meilleur devant Merckx. Je suis 4e à 1 minute 6 secondes, et devient 3e du classement général, à 1 minute 25 secondes de l'Allemand. Je suis très heureux de cette performance. Maintenant, il me faut tenir cette position, que je juge avantageuse, jusqu'au pied des Alpes, c'est-à-dire jusqu'à Besançon.

Le Tour remonte ensuite vers le nord de la France avec halte à Limoges, Angers, Lorient, Rennes, Rouen, Roubaix, puis s'arrête à Charleroi, en Belgique. Rien ne change au classement général concernant les candidats à la victoire finale. L'immobilité totale perdure jusqu'à Thonon-les-Bains, puis Morzine.

Nous voici le dimanche 17 juillet. C'est la montée de Morzine-Avoriaz contre la montre. C'est sans doute l'ascension la plus difficile de France : 14 kilomètres qui permettent de s'élever de 700 à 1 850 mètres, avec un pourcentage moyen de 7 % et des passages entiers à 12, voire 13 %. Durant plus d'une demi-heure, l'effort est total. Zoetemelk gagne, mais il est déclassé après coup pour un contrôle positif. Je suis 2ᵉ derrière Van Impe, mais surtout je deviens maillot jaune avec 11 secondes d'avance sur Thurau et 25 sur Merckx. Je revêts avec délectation l'emblème réservé au premier du Tour. J'attends ce moment depuis juillet 1975. Je le goûte avec autant de bonheur qu'il m'est possible d'en ressentir. C'est vraiment très beau, un maillot jaune. Il me faut maintenant le défendre, car les positions ne sont pas encore fixées. Thurau, Kuiper, Van Impe, Zoetemelk et Merckx n'ont pas dit leur dernier mot.

L'étape Morzine-Chamonix par les cols de la Forclaz et des Montets isole en tête de la course douze coureurs dont Thurau, le vainqueur du jour, Zoetemelk, Van Impe, Kuiper et moi-même. Merckx perd 2 minutes 37 et abandonne sa place de 3ᵉ au classement général à son compatriote Van Impe. Thurau devient à mes

Une seconde victoire dans le Tour

yeux un adversaire redoutable, tout comme Van Impe, qui n'est plus qu'à 33 secondes de moi au classement général. Décidément, dans ce Tour, nous sommes tous sur le fil du rasoir. La moindre erreur peut être fatale. Quant à Eddy Merckx, il vient de nous donner une nouvelle leçon : celle de savoir perdre.

Nous arrivons au mardi 19 juillet. Il fait un temps splendide. C'est l'étape de vérité, la dernière de haute montagne. Chamonix-Alpe-d'Huez par les cols de la Madeleine et du Glandon, avant l'arrivée à 1 860 mètres d'altitude.

L'ascension du col de la Madeleine ne contribue qu'à réduire le peloton. Tous les favoris se regardent, s'épient. Personne n'attaque. Dès les premiers lacets du Glandon, Van Impe s'isole en tête de notre groupe. Nous le rejoignons. Il récidive aussitôt et rapidement disparaît de notre vue. Nous ne sommes plus que trois à assurer la poursuite derrière lui, Zoetemelk, Kuiper et moi. Encore dois-je préciser que j'assume la majeure partie du travail. Au sommet du col, Van Impe est maillot jaune virtuel. Il me devance de 1 minute 25 secondes. Zoetemelk est dans ma roue et Kuiper un peu plus loin. Dans la descente, Van Impe accroît son avance, et l'augmente encore sur le long faux plat qui conduit au pied de l'Alpe-d'Huez, à Bourg-d'Oisans. Pourtant, je roule comme un damné avec les deux Hollandais dans mon sillage qui me refusent toujours le plus petit relais. Au pied de l'Alpe d'Huez, Van Impe nous devance de 2 minutes 15 secondes. L'affaire est mal engagée pour moi.

Mais le Belge commence à fléchir. Il paye sa tonitruante montée du Glandon et son époustouflant parcours dans la vallée. Son coup de pédale se fait saccadé. Il perd encore du temps lorsqu'une voiture suiveuse le heurte. Kuiper, lui, m'attaque dès la montée de l'Alpe. Zoetemelk est lâché. Je suis seul à la poursuite de Van Impe et de Kuiper. La foule, comme toujours, est considérable. Elle me communique les écarts.

Kuiper dépasse Van Impe. Un peu plus tard, c'est à mon tour de rejoindre le Belge et de le doubler. Il reste encore quatre kilomètres avant le terme de cette ascension. Quatre kilomètres de folie. Mon maillot jaune est en jeu. Kuiper n'a que 49 secondes de retard sur moi au classement général.

Mes jambes me font souffrir. Ma poitrine s'embrase. J'ai mal partout, mais j'avance. Une victoire dans le Tour est en jeu. La foule se fait ma complice, mon amie. Elle ne cesse de me hurler ma position par rapport à Kuiper. Elle se fait pressante aussi. Je ne vois plus les motos de

Une seconde victoire dans le Tour

la gendarmerie qui m'ouvrent la route à grands coups de sirène, pas plus que je ne distingue les motos de presse qui m'accompagnent. Dès leur passage, la foule envahit la chaussée ne me laissant qu'un mince couloir pour passer. Je frôle cette foule à chaque coup de pédale. C'est à peine si j'entends les klaxons des voitures qui me suivent intimant au public de ne pas envahir la chaussée. De partout, on me crie des écarts. J'appuie de plus en plus fort sur les pédales. Tantôt assis sur la selle, tantôt en danseuse. Mon dos n'en peut plus. Je tire néanmoins sur le guidon de plus en plus fort.

À la flamme rouge qui indique le dernier kilomètre, mon retard sur Kuiper est de 44 secondes. Ce n'est pas le moment de flancher, de faire une bêtise. Je rassemble les forces qui me restent et les livre à la machine. Voici le dernier virage. Un virage à gauche qu'il faut négocier avec prudence pour ne pas aller dans le décor. Je le prends à la corde et relance aussitôt en direction de la ligne d'arrivée. Je passe cette ligne à 16 h 21, ivre de fatigue. Kuiper me précède de 41 secondes. Je suis toujours maillot jaune, pour 8 secondes. J'ai à peine le temps de récupérer que déjà on me pousse vers le podium. On me remet un nouveau maillot jaune. Je le regarde avec tendresse et pense qu'il est beaucoup plus difficile de le garder que de le conquérir.

Après les traditionnelles interviews, on me pousse dans la voiture de Maurice De Muer. Direction l'hôtel Cristina dans le centre de la station. Les spectateurs m'applaudissent. De Muer doit encore jouer du klaxon pour se frayer un chemin parmi la foule qui se fait de plus en plus dense. Accroché à l'épaule du docteur Bellocq, le médecin de l'équipe, pouvant à peine marcher, je prends possession de ma chambre, la chambre 21. Je reste une bonne demi-heure dans la baignoire emplie d'eau chaude avant de pouvoir m'allonger. Ce soir-là, le masseur a du travail, car chacun des muscles de mon corps est endolori. Je me suis employé toute la journée sans compter mes efforts... et demain, il faudra recommencer, car 8 secondes d'avance sur Kuiper, c'est bien peu !

Le soir à table, on compulse les classements. Merckx termine à 13 minutes 51 secondes de Kuiper et Ocaña à 14 minutes 37. Il n'y a que 56 coureurs classés. 30 sont éliminés pour être arrivés hors des délais. Cette étape fait partie de celles qui laisseront pour toujours un vif souvenir dans l'histoire du cyclisme.

Le lendemain, nous rejoignons Saint-Étienne. Le peloton est devenu squelettique. Aucune équipe n'est au complet. Sur les dix coureurs du départ dans chaque formation, il n'en reste plus que cinq chez Lejeune, sept chez Mercier, sept

Une seconde victoire dans le Tour

chez nous Peugeot, six chez Kas, quatre chez Frisol, quatre chez Gitane, six chez Teka, sept chez Fiat, sept chez Raleigh et trois seulement chez Bianchi. Sur la route de Saint-Étienne et sur celle de Dijon, les attaques sont peu nombreuses. Chacun éprouve le besoin de souffler un peu.

Nous sommes maintenant à 48 heures de l'arrivée, avec un ultime coup de collier à donner. 50 kilomètres contre la montre à Dijon, par la côte de Sombernon, avec une arrivée sur le circuit automobile. Je ne connais pas le parcours tracé par Jean Morino, cycliste de talent et chef d'agence du journal *Le Progrès* à Dijon. Malgré l'importance de l'enjeu, je ne suis pas paniqué. Maurice De Muer rameute tous ses amis. Tous les cinq kilomètres, l'un d'entre eux prend place sur le bord de la route avec une ardoise. Sa mission : inscrire sur celle-ci le signe « plus » ou le signe « moins », suivi d'un chiffre selon mon avance ou mon retard sur Kuiper. Kuiper part à 15 h 11. Je démarre quatre minutes derrière lui, à 15 h 15. Je suis très concentré, décidé à tout faire pour conserver le maillot jaune.

Tout de suite, sur les trois premiers kilomètres de faux plat, je sens que les jambes tournent rond. J'ai bien récupéré de l'Alpe-d'Huez. J'apprends que je suis légèrement en retard sur

Kuiper. Ce n'est pas grave. La course est encore longue. Au kilomètre 14, voici le Mur de Malain. 300 mètres à 15 % puis 1 500 mètres à 4 %. Je passe cet obstacle sans difficulté. À mi-parcours se dresse la côte de Sombernon. 800 mètres de 10 à 12 %. Au pied de la côte, je suis en retard sur Kuiper, mais en arrivant au sommet, je suis en avance sur le Hollandais.

La fin de parcours se déroule sur une belle route nationale. C'est le moment de tout donner sur le plus grand braquet possible. Je suis toujours en avance sur Kuiper. J'entre ensuite sur le circuit automobile après avoir passé sans encombre le virage à gauche presque en épingle à cheveux qui m'ouvre la route du circuit. Je passe la ligne après un ultime effort. L'horloge du Tour indique 16 heures 26 minutes et 45 secondes. Je réalise le meilleur temps. Je suis toujours maillot jaune. Kuiper est 3e, à 28 secondes. Ce succès est pour moi d'une importance considérable, car mes défaites au *Dauphiné* et au *Midi libre*, pour quelques poignées de secondes, me pesaient.

Voici maintenant Paris avec le matin un tour du circuit des Champs-Élysées contre la montre. Pour la première fois, j'utilise une couronne de 12 dents, prêtée par Eddy Merckx lui-même.

Une seconde victoire dans le Tour

C'est une nouvelle preuve que si la rivalité entre coureurs est grande, l'amitié est encore plus grande hors de la compétition.

En fin d'après-midi, après l'étape en ligne, je franchis la dernière ligne d'arrivée du Tour à 16 h 54. Je suis vainqueur du Tour pour la deuxième fois. Jacques Chirac, maire de Paris, me remet le maillot jaune et me félicite de ma performance à l'Alpe-d'Huez, qu'il a suivi à la télévision. Jacques Esclassan est maillot vert. L'équipe Peugeot peut faire la fête et ne s'en prive pas.

Commence ensuite la traditionnelle tournée des critériums. À la fin de celle-ci, je suis fatigué, mais après un dernier test lors de la Ronde Nivernaise, je donne quand même mon accord à Richard Marillier, le sélectionneur national, pour participer au Championnat du monde à San Cristobal, au Venezuela. L'équipe de France est bicéphale : Bernard Hinault et moi. Je dispose de quatre équipiers : Jean-Pierre Danguillaume, Francis Campaner, Michel Laurent et Jacques Esclassan. Le circuit proposé est très curieux et surtout très sélectif. Il est tracé au milieu de villas entourées d'arbres ; seule une extrémité fait exception, où nous longeons une prison dont les murs ont été repeints en blanc pour la circonstance. C'est aussi un parcours tracé à flanc de colline sur une route bosselée. Une première crevaison, suivie d'une longue poursuite avec

Michel Laurent et Jean-Pierre Danguillaume, puis une autre crevaison au pied de la 13ᵉ et avant-dernière escalade de la grande côte du parcours ont raison de ma volonté. J'abandonne. Le nouveau champion du monde est italien. Il s'agit de Francesco Moser, qui bat Thurau au sprint.

Durant l'hiver, j'assiste encore à Paris à la présentation du Tour 78. Il s'annonce encore plus difficile que celui que je viens de gagner.

CHAPITRE X

Le corps qui lâche

1978 commence pour moi par une satisfaction : celle de lire, dans la rubrique cycliste du journal *L'Équipe*, des articles signés par Jean-Marie Leblanc. Lors de mon premier Tour de France, Jean-Marie, qui possède de l'entregent et le sens de l'amitié, discute de temps à autre avec moi. On parle surtout cyclisme. Il pense déjà à sa reconversion et espère devenir journaliste. Lorsque c'est chose faite, il signe beaucoup d'articles qui me sont consacrés avant de devenir un efficace directeur du Tour de France et un remarquable dirigeant du cyclisme international.

Le début de la saison est, pour moi, une source de problèmes. Pour soigner une infection prostatique, je dois subir un traitement lourd qui m'enlève une grande partie de mes forces. J'effectue une rentrée fin mars au Critérium

National, mais au cours de la deuxième étape, celle de la course de côtes, je dois abandonner. Je participe ensuite à d'autres épreuves, sans pouvoir les disputer jusqu'au bout. En fait, je ne retrouve un coup de pédale efficace qu'à l'occasion des Quatre Jours de Dunkerque. Là encore, victime d'un problème digestif, je suis contraint à l'abandon, alors que l'épreuve est sur le point de se terminer.

Je me soigne et reprends l'entraînement avec le souci de réaliser tout de même une belle saison. Le Tour de France, en particulier, hante mon esprit. Dans le même temps, le jeudi 18 mai, Eddy Merckx annonce d'une voix blanche la fin de sa carrière. Luis Ocaña et Raymond Poulidor l'ont devancé de quelques mois. Les courses n'auront plus le même aspect.

Pour pouvoir faire des efforts en course, je m'entraîne souvent dans le massif de la Chartreuse, grimpant encore et toujours, sans faiblir, les célèbres cols de sa trilogie. Début juin, je prends le départ du Critérium du *Dauphiné libéré*. Le prologue disputé à Thonon-les-Bains et remporté par Hennie Kuiper me démontre que tout va bien. J'ai l'impression de retrouver une bonne condition physique. Pourtant, le lendemain, sur la route de Prapoutel, je suis victime d'une énorme fringale à quelques kilomètres de l'arrivée. Je vois trouble, m'arrête, reçois un peu d'alimentation et repars.

C'est ensuite Allevard-Gap, une étape de haute montagne. À quatre kilomètres du sommet du col du Luitel, une terrible défaillance me saisit. Je zigzague sur la route avant de m'allonger sur le bas-côté, non loin d'un ruisseau. Je suis pris de tremblements. Je sens mon cœur s'emballer. Franchement, j'ai peur. Je respire difficilement. Le médecin de la course, le docteur Legrand, me fait une piqûre qui me soulage un peu. Je cache mon visage dans mes bras puis dans ma casquette. Jamais je n'ai autant souffert, tant physiquement que moralement. Qu'ai-je fait pour en arriver là, pour ne plus être capable, comme jadis, de remporter de grandes victoires ?

Je rentre chez moi, me repose et pour oublier ce début de saison catastrophique, je ne tarde pas à aller reconnaître sur mon vélo le parcours de la future 17ᵉ étape du Tour qui comporte l'ascension de six cols.

De nouveaux examens pratiqués chez le médecin de l'équipe Peugeot, François Bellocq, me confirment que je suis dorénavant en bonne santé. Je peux donc participer au Tour de France.

Un moment, Maurice De Muer envisage de nommer Michel Laurent chef de file pour le Tour ; mais, rassuré lui aussi sur mon compte, il ne change rien à son idée initiale.

Le départ du Tour est donné à Leiden, aux Pays-Bas. On parle beaucoup de Lucien Van Impe, de Hennie Kuiper, de Michel Pollentier et surtout de Bernard Hinault, qui débute dans l'épreuve. Quant à moi, c'est le grand mystère. Je ne sais pas trop où j'en suis. Je n'ai qu'une seule obsession : gagner le Tour une troisième fois.

Les premiers jours de course ne se passent pas trop mal. Mes équipiers me soutiennent. Il m'arrive parfois d'avoir le coup de pédale harmonieux et, l'heure suivante, de me sentir beaucoup moins bien.

Le quatrième jour de course présente un test très probant. C'est l'étape Évreux-Caen : 153 kilomètres contre la montre par équipes. Dès le départ, je tombe ; je repars, sans arriver ensuite à trouver la bonne carburation. Nous terminons à la 7ᵉ place sur 11 équipes engagées. Compte tenu du règlement particulier de cette étape, je perds 1 minute 20 secondes sur Van Impe et 2 minutes sur Kuiper. Je n'ai pas besoin de réfléchir longtemps pour me rendre compte que je ne suis pas dans les dispositions d'un futur

Le corps qui lâche

vainqueur du Tour. Je deviens nerveux. Cette méforme passagère, cette alternance de bon et de moins bon ne me dit rien qui vaille. Je ne sais pas de quoi est fait mon avenir dans ce Tour. Je cherche les causes de cette situation et ne trouve rien. Parfois, je me demande si ce sont les muscles qui refusent tout effort ou si c'est la tête qui ne tourne pas rond. De plus, il pleut sans cesse. Il fait froid et j'ai horreur de ces conditions atmosphériques. Lorsque je consulte les classements du Tour, je dois reconnaître que l'espoir de victoire existe encore car personne n'a pris la course à bras-le-corps. Dans quelques jours, à Bordeaux, je serai fixé.

Bordeaux, c'est la 8ᵉ étape avec un long contre-la-montre de 60 kilomètres dans le domaine vinicole entre la bourgade de Saint-Émilion, à la taille inversement proportionnelle à sa réputation, et Sainte-Foy-la-Grande. Les dix premiers kilomètres sont terribles pour moi. Pas moyen de prendre le bon rythme, de retrouver ce qui, l'an dernier encore, faisait partie de mon talent. Je comprends vite que la victoire dans le Tour ne sera pas pour moi. Du 10ᵉ au 50ᵉ kilomètre, je pédale comme je peux. Quant aux dix derniers, ils sont très laborieux. Bernard Hinault gagne l'étape à plus de 43 kilomètres à l'heure de moyenne. Je suis 22ᵉ à 4 minutes 37 secondes. Je ne peux descendre plus bas.

Quarante-huit heures plus tard, c'est la journée de repos à Biarritz. L'équipe Peugeot est logée à l'hôtel Carlina, à Anglet. J'ai une chambre avec vue sur la mer. Comme un enfant, je contemple l'océan. Jamais de ma vie je n'ai passé de vacances au bord de la mer. C'est la première fois, dans le Tour, que je pense aux vacances. C'est bien la preuve que quelque chose ne tourne pas rond chez moi. Je repense de plus en plus aux années paires qui s'acharnent contre moi. 1972, c'est la chute avec Ocaña et Alain Santy dans la descente du Soulor. 1974, c'est un zona qui me handicape dès le départ. 1976, c'est finalement une hépatite qui me met sur le flanc. 1978, c'est en ce moment...

Le Tour poursuit sa route avec Biarritz-Pau qui passe, en fin de parcours, par le col de Marie-Blanque. Marie-Blanque, c'est 10 kilomètres de montée ! Un col inconnu des courses cyclistes, mais célèbre auprès des cyclo-sportifs. Au pied du col, pour me donner bonne contenance, je change de vélo. Puis le brouillard enveloppe la montagne. J'ai froid, je tousse. J'avance avec difficulté. Je suis au sommet à trois minutes des premiers et au cours des 47 derniers kilomètres, en grande partie en descente, je perds encore 9 minutes. Cette fois, c'est définitivement terminé : le Tour est bel et bien perdu pour moi. Je décide toutefois de continuer pour aider Yves Hézard et Michel Laurent. Je vais monter à mon rythme et aviserai ensuite de la conduite à tenir.

J'éprouve maintenant des difficultés à respirer normalement. J'ai le sentiment, en course, d'avoir une boule qui va de la gorge à l'estomac et m'oppresse. Dans ces moments-là, je ne cesse de penser au col du Luitel, là où j'ai bien cru ne plus pouvoir remonter sur une bicyclette.

En proie à mes doutes, mes réflexions, mes angoisses aussi peut-être, je fais appel à un kinésithérapeute pour soulager mon dos, devenu douloureux depuis quelques jours. Mais le médecin de Peugeot, François Bellocq, ne l'entend pas de cette oreille. Il entre dans une violente colère, et claque la porte du Tour pour rentrer chez lui à Bordeaux.

L'ambiance dans l'équipe est bien plombée. Tout le monde attend mon abandon. Jacques Goddet y prépare ses lecteurs en écrivant, à Pau : « Bernard Thévenet a prouvé qu'il était capable, d'une année sur l'autre, d'effacer ses mauvaises passes. Nous ne voulons pas que s'abîme le souvenir du champion au ressort prodigieux qui vainquit le meilleur Eddy Merckx il y a trois ans, en montant d'une allure radieuse à Pra-Loup. Personne ne pourra lui en vouloir s'il décide de faire retraite pour préparer les jours meilleurs que nous lui souhaitons tous ensemble. »

C'est le lendemain, mardi 11 juillet, que j'abandonne, lors de Pau-Saint-Lary-Soulan. Dès les premiers lacets du col du Tourmalet, le docteur Philippe Miserez, médecin chef du Tour, qui la veille m'a ausculté et n'a rien trouvé d'anormal, se porte à ma hauteur. Il y a un bref conciliabule entre nous. Nous sommes au kilomètre 80, peu avant Barèges. Ma respiration devient de plus en plus difficile. Je m'arrête. Le docteur Miserez m'accompagne jusqu'à l'ambulance. C'est fini. Je quitte le Tour.

Je rentre chez moi et continue de m'interroger. L'âge aidant – j'ai maintenant 30 ans –, ne vaut-il pas mieux changer de méthode de préparation, étant donné que je possède un nombre impressionnant de kilomètres ? Un ostéopathe suisse m'ordonne huit jours de repos. J'en profite pour songer à mon avenir, d'autant plus que Peugeot annonce des changements importants pour l'an prochain.

Ma saison s'arrête pratiquement avec cet abandon. Au début de l'hiver, à la demande du docteur Miserez, je me rends à l'hôpital Saint-Michel à Paris pour des examens approfondis, sous la direction du professeur Ménard, lequel note « une amélioration du fonctionnement des glandes surrénales au repos ». Mon état de santé est donc bien meilleur. Peugeot, qui avait annoncé à la fin du Tour que mon salaire serait diminué, revient sur sa décision. La direction demande aussi au docteur Bellocq de prendre ses distances avec les membres de l'équipe.

CHAPITRE XI

François Bellocq

Le docteur François Bellocq, médecin de l'équipe Peugeot de 1973 à 1979, est décédé il y a quelques années.

Dès sa plus tendre enfance, il plonge dans le monde du sport et de la médecine. Son père est médecin. Son oncle est président du prestigieux club de rugby de Mont-de-Marsan, le Stade Montois. Enfant, il organise des courses cyclistes avec ses copains pour avoir le plaisir de porter un maillot jaune. En 1970, alors qu'il termine ses études de médecine, il suit une étape du Tour dans la voiture de Gaston Plaud et fait la connaissance de Jean-Pierre Danguillaume et de Raymond Delisle. Ces deux coureurs, en se soumettant à des examens biologiques, l'aident à la rédaction de sa thèse de fin d'études dont le titre est « Effets des efforts musculaires prolongés sur le métabolisme surrénal ». François Bellocq soutient la théorie suivante : les glandes surrénales situées dans les reins secrètent l'adrénaline et les corticoïdes dont le sang a besoin. En cas d'effort musculaire prolongé, les glandes surrénales ne produisent pas l'adrénaline et les corticoïdes en quantité suffisante. Il faut donc les aider par l'utilisation de cortisone (une hormone naturelle) à condition que ce rééquilibrage soit ponctuel, de courte durée et faiblement dosé. Personne ne conteste cette théorie. François Bellocq obtient son diplôme et, à la fin de l'année 1973, devient médecin officiel de l'équipe Peugeot. Il est le premier, dans le cyclisme français, à obtenir ce poste. Il suit les coureurs, les accompagne, les conseille, les soigne en cas de besoin. Rien n'est trop beau pour lui. Il dispose, dans la camionnette de matériel de l'équipe, d'un électrocardiographe, d'un appareil permettant de procéder à des prélèvements sanguins et urinaires, d'un appareil électrique destiné à soigner les lésions tendineuses ou musculaires, etc. Il est, avec un matériel adapté, à la disposition des coureurs.

Dans le même temps, on assiste aux balbutiements de la lutte antidopage. Diverses fédérations internationales, comme l'équitation, l'haltérophilie et l'athlétisme, étudient le problème sans trouver de solution. La loi adoptée en France en 1965 est détournée parce que trop répressive. Les contrôles ne sont pas suffisamment rigoureux et les laboratoires peu performants.

L'athlète, pour sa part, est laissé seul face à lui-même. Ainsi, alors que j'ai déjà couru deux fois le Tour de France, François Bellocq est-il le premier à m'expliquer le fonctionnement du corps humain. Jamais auparavant, et il en est de même pour tous les coureurs français de mon époque, un médecin n'a disséqué avec autant de savoir les conséquences du sport de haut niveau sur l'organisme. Il soutient, par exemple, que j'ai beaucoup trop couru sans ménager de plages de repos entre les épreuves. Il est vrai que parfois j'ai enchaîné un Tour d'Espagne avec un Critérium du *Dauphiné libéré*, ou encore cette dernière épreuve avec le Grand Prix du *Midi libre*. J'ai encore bien d'autres exemples de ce genre.

Pendant mes examens médicaux à Saint-Michel, je reçois la visite de Pierre Chany, leader du cyclisme à *L'Équipe*. Pour répondre à ses questions, je lui tiens le discours suivant : « Nous étions persuadés d'être dans le vrai et dans la légalité en matière de préparation. Nous avions la certitude d'avoir pris une avance sur nos concurrents. Nous étions dans l'erreur. Le médecin qui s'occupait de nous nous avait tout appris de notre corps. On a surestimé ses compétences. J'ai vécu en règle avec moi-même de 1975 à maintenant. » Je n'ai rien à ajouter à ces propos qui datent de novembre 1978.

Après son départ de l'équipe Peugeot, François Bellocq a une clientèle composée d'athlètes de diverses disciplines. Il reçoit en particulier des candidats aux médailles olympiques et leurs entraîneurs.

Fin 1979, je me fâche avec François Bellocq. J'en éprouve aujourd'hui un immense regret. François était quelqu'un de bien. Il pensait avant tout au coureur, pas à l'argent qu'il pouvait obtenir d'une équipe professionnelle de cyclisme.

Au vu des résultats de mes examens médicaux à Saint-Michel, et après de longues et fructueuses conversations avec le professeur Ménard, j'ai suggéré l'interdiction des corticoïdes. L'Union cycliste internationale ne m'a écouté que près d'un an plus tard. Le lecteur l'aura compris : loin de moi l'intention d'accuser quiconque. Cette parenthèse rend seulement compte des questions et des tâtonnements de la médecine sportive et de la lutte antidopage à la fin des années 1970.

CHAPITRE XII

Ma fin de carrière

Lorsque commence la saison 1979, je suis dans ma 31e année. J'ai beaucoup couru, très souvent dans des conditions difficiles. Depuis de nombreuses années, je suis leader chez Peugeot pour les courses à étapes. Aussi, partager les responsabilités avec le Hollandais Hennie Kuiper ne me contrarie pas. Finalement, ce que l'on peut s'imaginer être de la concurrence ne se trouve être, au fil des courses, que de la complémentarité : alors que je cours le Tour d'Italie, Kuiper s'aligne au départ du *Dauphiné*.

Mes rapports avec la maison Peugeot, en revanche, se tendent. Je ne suis pas sélectionné pour le Tour de France, ni retenu par Richard Marillier pour le Championnat du monde. Je comprends vite qu'il devient nécessaire de changer d'air. Dix ans dans la même équipe, c'est beaucoup. Il me faut trouver une formation pour la prochaine saison. L'automne venu, au cours du repas annuel du club de Carcassonne au sein duquel je signe ma licence professionnelle, je m'entretiens de ma situation avec le président, Jean Thomas, qui est aussi organisateur du Tour de l'Aude. C'est un homme de décision, prêt à remuer ciel et terre pour aider un ami. Il me met en relation avec le père de Dominique Sanders, un coureur de talent. Dominique vient de signer pour la formation espagnole Teka. On y recherche d'autres coureurs français pour étoffer l'équipe. À peine quelques heures plus tard, j'appose ma signature au bas du contrat qui me lie pour un an aux Espagnols. Sous leurs couleurs, je participe au Tour de France au sein d'une équipe composée de six Espagnols, deux Allemands et un autre Français (Dominique Sanders). C'est une équipe très cosmopolite qui me permet d'accroître ma connaissance des langues. Nous ne cherchons pas à rivaliser avec les grosses écuries telles que Ti-Raleigh, mais à accomplir notre métier le mieux possible pour notre satisfaction personnelle et celle de notre employeur.

Le départ du Tour se déroule dans des conditions climatiques détestables, avec de très longues étapes. Au menu des premiers jours :

— 2e étape : Francfort-Metz (276 kilomètres) ;

Ma fin de carrière

— 3ᵉ étape : Metz-Liège (283 kilomètres) ;

— 4ᵉ étape : contre la montre à Spa 34 kilomètres (le circuit automobile, sur lequel a lieu cette étape, est considéré à l'époque comme le plus beau, parce que particulièrement difficile) ;

— 5ᵉ étape : Liège-Lille (250 kilomètres) ;

L'étape de Lille dure plus de huit heures. La pluie est discontinue. Je perds un quart d'heure. Je suis sur le point de gagner l'étape de Martigues, mais me fais battre pour quatre toutes petites secondes par Bernard Vallet.

Compte tenu de mon âge, je fais de bonnes étapes dans le massif alpin (22ᵉ à Pra-Loup, 7ᵉ à Morzine, 13ᵉ à Prapoutel). Je termine même à la 7ᵉ place du difficile contre-la-montre de Saint-Étienne et me classe 17ᵉ de ce Tour.

Ma sélection pour les Championnats du monde est acquise. Ils ont lieu à Sallanches. Je veux absolument les disputer. Sallanches, c'est le sacre de Bernard Hinault. C'est aussi le travail de toute l'équipe de France. Je suis heureux d'avoir participé à ce triomphe en œuvrant pour la cause commune, jusqu'à mon abandon aux abords de l'arrivée, une fois la course bien décantée en faveur de Bernard Hinault. C'est mon dernier Championnat du monde. C'est aussi le plus dur. Sur 107 partants, il n'y plus que 15 coureurs à l'arrivée. Cette compétition me laisse un énorme souvenir, avec celle de Montréal.

Ma fin de carrière approche. Je cherche à faire une dernière saison au sein d'une équipe française pour terminer en beauté. La formation Puch-Wolber, dirigée par l'Allemand Rudy Altig et par Marcel Boishardy, me tend les bras. Au printemps, je remporte l'étape contre-la-montre du Circuit de la Sarthe, devant tous les grands rouleurs des pays d'Europe de l'Est qui commencent à venir se frotter aux professionnels occidentaux. L'après-midi, une chute me projette à terre. Dès lors, je ne retrouve plus les forces qui firent de moi un champion. C'est comme si le ressort s'était définitivement cassé. Je remporte bien une étape du Tour du Vaucluse et participe au Tour de France aux côtés de mes anciens équipiers Yves Hézard et Régis Ovion. Je passe les Pyrénées et les Alpes et termine à la 37e place sur les Champs-Élysées. Je dispute encore les Six Jours de Grenoble, où je suis 3e du classement final, et clos ainsi ma carrière, avec un total de 99 succès, dont deux Tours de France (et 7 victoires d'étape) et un titre de champion de France. Une bien belle carrière !

CHAPITRE XIII

Ma reconversion

Après tant d'années passées sur le vélo, je dois penser à ma reconversion. J'ai 33 ans, je suis en pleine force de l'âge. Je deviens directeur sportif de l'équipe La Redoute jusqu'à sa disparition à la fin de l'année 1985. De coureur cycliste, je deviens gestionnaire. La transition n'est pas de tout repos, car il y a dans l'équipe de fortes personnalités comme Stephen Roche, Jean-Luc Van Den Broucke, Alain Bondue ou encore l'Allemand Gregor Braun.

Je deviens ensuite directeur sportif de RMO que monte mon voisin Marc Braillon, PDG de cette société. La tâche est plus facile car je choisis mes coureurs, contrairement à ce qui s'était passé à La Redoute, où j'avais pris le train en marche. L'affaire ne tourne pas trop mal, mais je garde un souvenir mitigé de ces années-là. Lors du tour 1986 par exemple, il s'en est fallu de peu que nous réussissions. Tout d'abord, le Belge Michel Vermote manque de peu une victoire d'étape ; puis la grippe s'installe chez nous sans y avoir été invitée et nous terminons à trois coureurs : Thierry Claveyrolat, Bernard Vallet et Régis Simon. Fin 1987, Marc Braillon se tourne vers d'autres sports. Il termine son aventure avec le cyclisme. Il me faut trouver une autre occupation.

Je l'ai déjà dit, le journalisme m'attire. Début 1988, alors que je me remets d'une fracture du fémur que je me suis faite un dimanche matin au cours d'une balade à vélo, je reçois un coup de téléphone de Jean-Louis Levreau. Il me demande de collaborer au journal *Le Provençal*. J'ai bien connu Jean-Louis qui, en tant que chef du service des sports du *Dauphiné libéré*, a beaucoup écrit sur moi ; c'est lui, en particulier, qui a trouvé la formule de « gladiateur de Pra-Loup et de l'Izoard » lors de mon Tour victorieux de 1975. Levreau est devenu rédacteur en chef du *Provençal*. Chaque fin de semaine, je dois écrire une chronique sur le cyclisme. Au début, Alain Pécheral, journaliste au service des sports du quotidien marseillais, relit ma copie et m'initie à l'art de construire un papier. Jusqu'au moment

Ma reconversion

où, volant de mes propres ailes, je téléphone moi-même mon papier à une sténo. C'est donc Pécheral qui me met le pied à l'étrier du journalisme. Mes articles plaisent puisque peu de temps après, outre *Le Provençal,* je collabore au *Journal du dimanche,* à *L'Équipe* et inscris mon nom parmi ceux des consultants de Radio France.

À la même époque, la télévision du service public rachète les droits du cyclisme. Claude Lenac, journaliste de Grenoble, est désigné pour commenter le Tour des Flandres. Il me choisit comme consultant. Depuis, j'occupe toujours dans ces mêmes fonctions à France Télévision pour les épreuves les plus importantes, dont le Tour de France.

Parallèlement à ces activités, je deviens durant trois ans directeur technique de l'équipe de France. Mon rôle est, avec Patrick Cluzeaud, le directeur technique national, de choisir les membres de la formation nationale pour les Championnats du monde, puis de définir une tactique de course. Dans ce domaine, mon souvenir le plus fort est celui de la victoire de Luc Leblanc à Agrigente, en 1994.

Cette année-là, le championnat a lieu sur le circuit très difficile tracé sur la côte méridionale de la Sicile au sein des vestiges de l'ancienne cité d'Akragas, au cœur de la vallée des Temples. Dès le début de la saison, je m'entretiens avec les directeurs sportifs pour que les coureurs susceptibles d'être sélectionnés aient, tout au long de la saison un programme adapté. Je m'entretiens en outre individuellement avec chaque coureur. À Agrigente, chacun sait ce qu'il a à faire. L'équipe de France a trois têtes : Armand De Las Cuevas, Richard Virenque et Luc Leblanc. Tout le monde joue le jeu. En particulier De Las Cuevas qui, sacrifiant ses chances personnelles, entraîne avec lui dans la défaite de nombreuses vedettes du peloton. Ni au cours de cette épreuve, ni durant sa préparation, je n'ai eu le moindre problème avec la personnalité de l'un ou l'autre coureur. Tous veulent la victoire de l'un d'eux. Je suis fier et heureux d'y avoir participé.

Comme Eddy Merckx, Lucien Van Impe, Joop Zoetemlk, Bernard Hinault et Raymond Poulidor, anciens coureurs de renom du Tour comme moi, j'ai la conviction d'avoir réussi ma vie de coureur cycliste et ma reconversion.

Je suis chef de piste aux Six Jours de Grenoble, et directeur de course sur certaines épreuves. Je dirige avec un associé une entreprise spécialisée dans le vêtement cycliste. J'ai crée ma société, Bernard Thevenet Medias, axée sur la communication et les relations publiques. Enfin, je suis chroniqueur sur France Bleu.

Le cyclisme a toujours été ma passion. J'ai bien servi le cyclisme et continue de le servir. Ceux qui me sont proches et les autres, plus éloignés, comme les téléspectateurs, en sont témoins.

ANNEXES

Palmarès de Bernard Thévenet

établi par Guy Dedieu

1965 (junior)
4e du championnat de France

1966 (amateur)
1er du Tour du Roussillon

1968 (amateur)
1er du championnat de France amateur junior
1er du championnat de France contre la montre par équipes avec l'ACBB
1er du championnat d'Île-de-France
1er du Grand Prix de France
1er de la 2e étape du Tour du Bordelais
1er de la 2e étape Grand Prix du Luxembourg

1969 (amateur)
1er du Grand Prix de Saclay
1er de l'étape de Châteauroux du Tour de l'Avenir
2e du championnat de France contre la montre par équipes avec l'ACBB

1970 (Peugeot-BP-Michelin)
1ᵉʳ de l'étape de La Mongie du Tour de France
1ᵉʳ de la course de côte du mont Faron contre la montre
3ᵉ du championnat de France de poursuite
35ᵉ du Tour de France

1971 (Peugeot-BP-Michelin)
1ᵉʳ de l'étape de Grenoble du Tour de France
1ᵉʳ de l'étape du Puy de Dôme de l'Étoile des Espoirs
1ᵉʳ du Prix de Bourg-en-Bresse
1ᵉʳ du Prix de Maurs
2ᵉ de l'Étoile des Espoirs
3ᵉ du Critérium du *Dauphiné libéré*
3ᵉ du Trophée (avec Roger Pingeon)
4ᵉ du Tour de France
13ᵉ du Championnat du monde
Lauréat de la Promotion Pernod
2ᵉ du Prestige Pernod

1972 (Peugeot-BP-Michelin)
1ᵉʳ du Tour de Romandie et 1ᵉʳ de l'étape de Neuenburg contre la montre
1ᵉʳ Tour d'Indre-et-Loire et 1ᵉʳ de l'étape de Tours
1ᵉʳ des étapes du Ventoux et du Ballon d'Alsace du Tour de France
1ᵉʳ de l'étape de Millau du Grand Prix du *Midi libre*
1ᵉʳ de la course de côte du Monte Campione et 1ᵉʳ de l'épreuve en ligne et contre la montre
1ᵉʳ du Prix de La Souterraine
1ᵉʳ du Prix du Creusot
1ᵉʳ du Prix de Bussières
1ᵉʳ du Prix de Montceau-les-Mines

1ᵉʳ du Prix de Plaintel
2ᵉ du Critérium du *Dauphiné libéré*
2ᵉ du Critérium des As
2ᵉ d'À travers Lausanne
9ᵉ du Tour de France
4ᵉ du Prestige Pernod

1973 (Peugeot-BP-Michelin)

1ᵉʳ du Championnat de France
1ᵉʳ des étapes de Méribel et de Paris du Tour de France
1ᵉʳ de l'étape de Marensa du Tour d'Espagne
1ᵉʳ de l'étape de Briançon du Critérium du *Dauphiné libéré*
1ᵉʳ de l'étape de Nîmes du Grand Prix du *Midi libre*
1ᵉʳ de l'étape de Quillan du Tour de l'Aude
1ᵉʳ du Prix du Creusot
1ᵉʳ du Prix de Château-Chinon
1ᵉʳ du Prix de Saussignac
1ᵉʳ du Prix de Montceau-les-Mines
2ᵉ du Tour de France
2ᵉ du Critérium du *Dauphiné libéré*
2ᵉ du Circuit de l'Aune
3ᵉ du Tour d'Espagne
3ᵉ du Tour de l'Aude
4ᵉ du Grand Prix des Nations
6ᵉ de Liège-Bastogne-Liège
Lauréat du Prestige Pernod
6ᵉ du Super Prestige Pernod

1974 (Peugeot-BP-Michelin)

1ᵉʳ du Tour de Catalogne et 1ᵉʳ des étapes de Playa de Oro et de Manresa contre la montre
1ᵉʳ du Critérium National
1ᵉʳ de l'étape de Château-Chinon de Paris-Nice

Thévenet

1ᵉʳ du Prix de Saint-Quentin
1ᵉʳ du Prix d'Auzances
1ᵉʳ du Prix de Dunières
4ᵉ de Paris-Nice
5ᵉ du Championnat du monde
6ᵉ du championnat de France
6ᵉ du Tour de Lombardie
4ᵉ du Prestige Pernod

1975 (Peugeot-BP-Michelin)

1ᵉʳ du Tour de France et 1ᵉʳ des étapes de Pra-Loup et de Serre-Chevalier
1ᵉʳ du Critérium du *Dauphiné libéré* et 1ᵉʳ de l'étape de Grenoble
1ᵉʳ de l'étape de Calvi contre la montre du Tour de Corse
1ᵉʳ de l'épreuve contre la montre d'À travers Lausanne
1ᵉʳ du Prix d'Aulnay
1ᵉʳ de la Ronde de Seignelay
1ᵉʳ du Prix de Rodez
1ᵉʳ du Prix de Montceau-les-Mines
1ᵉʳ du Prix d'Antibes
1ᵉʳ du Prix de Maurs
1ᵉʳ du Prix de l'Ile de Ré
1ᵉʳ de Prix de Beaulac-Bernos
1ᵉʳ du Prix de Jeumont
1ᵉʳ du Prix de La Rochelle
1ᵉʳ du Prix de Saint-Brieuc
1ᵉʳ du Prix de Paray-le-Monial
1ᵉʳ du Prix de Brette-les-Pins
1ᵉʳ du Prix de Mensignac
2ᵉ de Liège-Bastogne-Liège
2ᵉ des Six Jours de Grenoble (avec Gunther Haritz)
3ᵉ des Quatre Jours de Dunkerque

Annexes

3ᵉ du Grand Prix des Nations
6ᵉ du Championnat du monde
Lauréat du Prestige Pernod
Lauréat du Challenge Sedis
4ᵉ du Super Prestige Pernod

1976 (Peugeot-Esso-Michelin)

1ᵉʳ du Critérium du *Dauphiné libéré* et 1ᵉʳ des étapes de Chambéry et de Romans
1ᵉʳ de l'étape de Poperinge des Quatre Jours de Dunkerque
1ᵉʳ de l'étape de Saint-Junien du Tour du Limousin
1ᵉʳ des Six Jours de Grenoble (avec Gunther Haritz)
1ᵉʳ du Prix de Ploerdut
1ᵉʳ du Prix de Poigny
1ᵉʳ du Prix de Sérénac
1ᵉʳ du Prix de Mende
1ᵉʳ du Prix de Lannion
2ᵉ du Tour de Lombardie
2ᵉ de l'Étoile des Espoirs
2ᵉ d'À travers Lausanne
3ᵉ du Prestige Pernod

1977 (Peugeot-Esso-Michelin)

1ᵉʳ du Tour de France et 1ᵉʳ de l'étape de Dijon contre la montre
1ᵉʳ du Tour du Haut-Var
1ᵉʳ de l'étape de Thonon-les-Bains du Critérium du *Dauphiné libéré*
1ᵉʳ de l'étape d'Ajaccio contre la montre du Tour de Corse
1ᵉʳ de l'Escalade de Montjuich et 1ᵉʳ épreuve en ligne et contre la montre
1ᵉʳ de la Ronde de Seignelay

1ᵉʳ du Prix de Maël-Pestivien
1ᵉʳ du Prix de Concarneau
1ᵉʳ du Prix de Vitré
1ᵉʳ du Prix de Méreville
1ᵉʳ de Paris-Bourges
2ᵉ du Critérium du *Dauphiné libéré*
2ᵉ du Grand Prix du *Midi libre*
2ᵉ du Grand Prix d'Antibes
3ᵉ d'À travers Lausanne
3ᵉ des Six Jours de Grenoble (avec Gunther Haritz)
2ᵉ du Prestige Pernod
6ᵉ du Super Prestige Pernod

1978 (Peugeot-Esso-Michelin)

1ᵉʳ du Prix de Chauffailles
1ᵉʳ du Prix de Nogaro

1979 (Peugeot-Esso-Michelin)

31ᵉ du Tour d'Italie

1980 (Teka)

1ᵉʳ des Six Jours de Grenoble (avec Danny Clarke)
1ᵉʳ du prix de Villefranche-de-Rouergue
1ᵉʳ de la Polynormande
1ᵉʳ du Prix de Concarneau
8ᵉ du Critérium du *Dauphiné libéré*
14ᵉ du Tour d'Espagne
17ᵉ du Tour de France

1981 (Puch-Wolber-Campagnolo)
1er de l'étape d'Orange du Tour du Vaucluse
1er de l'étape du Lude du Circuit de la Sarthe contre la montre
1er du Prix de Castillon-la-Bataille
1er du Prix des Herbiers
1er du Prix de Châteauroux
2e du Tour du Vaucluse
3e des Six Jours de Grenoble (avec D. Allan)
37e du Tour de France

Soit uniquement dans les rangs professionnels 97 victoires dont deux fois le Tour de France (9 victoires d'étape), le Tour de Romandie, deux fois le Critérium du *Dauphiné libéré* et le titre de champion de France. Bernard Thévenet a été élevé au grade de chevalier dans l'ordre de la Légion d'honneur.

Les coéquipiers de Bernard Thévenet

Liste établie par Guy Dedieu

Nom des coureurs   **Nations**
Années

A

Aigueparses (Claude) .... France
1972, 1973, 1974, 1975

Alfonsel (Bernardo) .... Espagne
1980

Arnaud (Dominique) .... France
1981

Aubey (Serge) .... France
1974

B

Balbuena (Miguel) .... Espagne
1980

Béon (Patrick) .... France
1973, 1974, 1975, 1976, 1977, 1978

Besnard (Gérard) .... France
1970, 1971, 1972

Bisland (William) .... Grande-Bretagne
1970, 1971, 1972

Bossis (Jacques) .... France
1979

Bouloux (Robert) .... France
1970, 1971, 1972, 1973, 1974

Bourreau (Bernard) .... France
1973, 1974, 1975, 1976, 1977, 1978, 1979
Bracke (Ferdinand) .... Belgique
1970, 1971, 1972, 1973
Braun (Gregor) .... Allemagne
1977, 1978, 1979
Brun (Frédéric) .... France
1979

C

Campaner (Francis) .... France
1976, 1977, 1978
Catieau (José) .... France
1975, 1976
Cedena (Francisco Javier) .... Espagne
1980
Chassang (Jean) .... France
1981
Croyet (Bernard) .... France
1976
Cluzaud (Patrick) .... France
1974
Cueli (Faustino) .... Espagne
1980

D

Danguillaume (Jean-Pierre) .... France
1970, 1971, 1972, 1973, 1974, 1975, 1976, 1977, 1978
Dard (Rachel) .... France
1975, 1976, 1977

Daunat (Jean-Claude) .... France
1970
David (Wilfried) .... Belgique
1971, 1972
De Boever (Jacques) .... Belgique
1973
De Carvalho (Alain) .... France
1981
De Cauwer (José) .... Belgique
1979
De Jonckheere (Noël) .... Belgique
1980
Delépine (Régis) .... France
1977, 1978, 1979
Delisle (Raymond) .... France
1970, 1971, 1972, 1973, 1974, 1975, 1976
De Vooght (Fabien) .... France
1981
De Witte (Ronald) .... Belgique
1971, 1972
Dolhats (Guy) .... France
1974, 1975
Duclos-Lassalle (Gilbert) .... France
1977, 1978, 1979
Dumont (Jean) .... France
1970, 1971, 1972

E

Esclassan (Jacques) .... France
1972, 1973, 1974, 1975, 1976, 1977, 1978, 1979

Esparza (Manuel) .... Espagne
1980

F

Fernandez (Alberto) .... Espagne
1980

G

Garcia (Eulalio) .... Espagne
1980
Gay (Raymond) .... France
1970, 1971
Godefroot (Walter) .... Belgique
1971, 1972
Guitard (Jean-Pierre) .... France
1973, 1974, 1975, 1976
Gutierrez (Antoine) .... France
1980
Gutierrez (Miguel) .... Espagne
1980

H

Haller (Rolf) .... Allemagne
1980, 1981
Hézard (Yves) .... France
1977, 1978, 1979, 1981
Hindelang (Hans) .... Allemagne
1979, 1981

J

Janbroers (Ben) .... Pays-Bas
1971, 1972

Jones (Graham)..............................Grande-Bretagne
1979
Jourden (Jean).............................France
1971, 1972
Julien (Ferdinand).........................France
1971, 1972

K

Karstens (Gerben)..........................Pays-Bas
1970
Kerbrat (Gérard)...........................France
1981
Kuiper (Hennie)............................Pays-Bas
1979

L

Laurent (Michel)...........................France
1977, 1978, 1979
Legeay (Roger).............................France
1979
Lejarreta (Ismael).........................Espagne
1980
Lejarreta (Marino).........................Espagne
1980
Leleu (Philippe)...........................France
1981
Leman (Éric)...............................Belgique
1973
Letort (Désiré)............................France
1970

Linard (Hubert)..................France
1977, 1978, 1979

M

Maingon (Guy)...................France
1970, 1971, 1972, 1973, 1974
Martelozzo (Pierre)...............France
1970, 1971, 1972, 1973, 1974
Martinez (Enrique)...............Espagne
1980
Martinez (Paulino)...............Espagne
1980
Mattioda (Enzo)..................France
1971, 1972
Mayoz (José Luis)................Espagne
1980
Meunier (Alain)..................France
1972, 1973, 1974, 1975, 1976
Molineris (Jean-Luc)..............France
1975, 1976
Mollet (André)...................France
1970, 1971, 1972, 1973, 1974

N

Nazabal (José)...................Espagne
1980
Neumayer (Hans).................Allemagne
1981

O

Osmont (Jacques) .... France
1981
Ovion (Régis) .... France
1972, 1973, 1974, 1975, 1976, 1977, 1978, 1979, 1980, 1981

P

Pareanteau (Jean-Pierre) .... France
1970, 1971, 1972, 1973, 1974, 1975, 1976
Pérez (Félix) .... Espagne
1980
Perret (Patrick) .... France
1979
Pingeon (Roger) .... France
1970, 1971, 1972
Poslusny (Jaroslav) .... Tchécoslovaquie
1981

Q

Quesne (Jean-Louis) .... France
1970, 1971

R

Rault (Jean-François) .... France
1981
Raymond (Christian) .... France
1970, 1971, 1972, 1973
Rinklin (Henri) .... Allemagne
1981
Riotte (Raymond) .... France
1974

Annexes

Rodriguez (José Luis) .... Espagne
1980
Rosiers (Roger) .... Belgique
1978
Rouxel (Charles) .... France
1970, 1971, 1972, 1973, 1974, 1975, 1976

S

Sadot (Jean) .... France
1971
Sanders (Dominique) .... France
1980
Schoeters (Joseph) .... Belgique
1970
Schönbacher (Gerhard) .... Autriche
1981
Sibille (Guy) .... France
1972, 1973, 1974, 1975, 1976, 1977, 1978, 1979
Simmonot (Gérard) .... France
1977, 1978
Simon (Pascal) .... France
1979
Singer (Willy) .... Allemagne
1979

T

Talbourdet (Georges) .... France
1977, 1978
Thaler (Klaus Peter) .... Allemagne
1980, 1981

Tinazzi (Marcel).................................France
1979
Toso (Jean).....................................France
1977, 1981
Tschan (Jurgen)..............................Allemagne
1970, 1971, 1972, 1973, 1974, 1975, 1976, 1977

V

Vanconingsloo (Georges)......................Belgique
1970
Van Den Broucke (Jean-Luc)................Belgique
1975, 1976, 1977, 1978, 1979
Vanderlinde (Bernard)........................France
1970
Van Heerden (Alan)......................Afrique du Sud
1979
Van Sweevelt (Valère).........................Belgique
1970
Viejo (José Luis).................................Espagne
1980
Vincendeau (Claude)............................France
1981
Vögeli (Roland)..................................Suisse
1981

Si vous désirez recevoir le programme de nos publications, merci de contacter :

Louis de Mareuil
Éditions Jacob-Duvernet
134, rue du Bac, 75007 Paris
Tél. : 01 42 22 63 65

Vous pouvez retrouver notre partenaire ESPN CLASSIC sur :

www.espnclassic.com

ESPN CLASSIC est disponible

sur le SATELLITE, le CÂBLE et l'ADSL.

ISBN : 2-84724-112-4

Cet ouvrage a été achevé d'imprimer en mai 2006
sur les presses de la **N**ouvelle **I**mprimerie **L**aballery
58500 Clamecy
Numéro d'impression : 604184

Dépôt légal : mai 2006

Imprimé en France